杭州优秀传统文化丛书
Hangzhou Youxiu Chuantong Wenhua Congshu

风起文澜

王荣鑫———著

杭州出版社

图书在版编目（CIP）数据

风起文澜 / 王荣鑫著 . –– 杭州 : 杭州出版社，
2021.12

（杭州优秀传统文化丛书）

ISBN 978-7-5565-1613-1

Ⅰ.①风… Ⅱ.①王… Ⅲ.①藏书—图书史—史料—
杭州 Ⅳ.① G259.29

中国版本图书馆 CIP 数据核字（2021）第 222440 号

Feng Qi Wenlan

风起文澜

王荣鑫　著

责任编辑	朱金文
装帧设计	章雨洁
美术编辑	祁睿一
责任校对	魏红艳
责任印务	姚　霖
出版发行	杭州出版社（杭州市西湖文化广场32号6楼） 电话：0571-87997719　邮编：310014 网址：www.hzcbs.com
排　版	浙江时代出版服务有限公司
印　刷	天津画中画印刷有限公司
经　销	新华书店
开　本	710 mm × 1000 mm　1/16
印　张	13
字　数	160千
版印次	2021年12月第1版　2021年12月第1次印刷
书　号	ISBN 978-7-5565-1613-1
定　价	58.00元

序 言

文化是城市最高和最终的价值

我们所居住的城市，不仅是人类文明的成果，也是人们日常生活的家园。各个时期的文化遗产像一部部史书，记录着城市的沧桑岁月。唯有保留下这些具有特殊意义的文化遗产，才能使我们今后的文化创造具有不间断的基础支撑，也才能使我们今天和未来的生活更美好。

对于中华文明的认知，我们还处在一个不断提升认识的过程中。

过去，人们把中华文化理解成"黄河文化""黄土地文化"。随着考古新发现和学界对中华文明起源研究的深入，人们发现，除了黄河文化之外，长江文化也是中华文化的重要源头。杭州是中国七大古都之一，也是七大古都中最南方的历史文化名城。杭州历时四年，出版一套"杭州优秀传统文化丛书"，挖掘和传播位于长江流域、中国最南方的古都文化经典，这是弘扬中华优秀传统文化的善举。通过图书这一载体，人们能够静静地品味古代流传下来的丰富文化，完善自己对山水、遗迹、书画、辞章、工艺、风俗、名人等文化类型的认知。读过相关的书后，再走进博物馆或观赏文化景观，看到的历史遗存，将是另一番面貌。

　　过去一直有人在质疑，中国只有三千年文明，何谈五千年文明史？事实上，我们的考古学家和历史学者一直在努力，不断发掘的有如满天星斗般的考古成果，实证了五千年文明。从东北的辽河流域到黄河、长江流域，特别是杭州良渚古城遗址以4300—5300年的历史，以夯土高台、合围城墙以及规模宏大的水利工程等史前遗迹的发现，系统实证了古国的概念和文明的诞生，使世人确信：这里是古代国家的起源，是重要的文明发祥地。我以前从来不发微博，发的第一篇微博，就是关于良渚古城遗址的内容，喜获很高的关注度。

　　我一直关注各地对文化遗产的保护情况。第一次去良渚遗址时，当时正在开展考古遗址保护规划的制订，遇到的最大难题是遗址区域内有很多乡镇企业和临时建筑，环境保护问题十分突出。后来再去良渚遗址，让我感到一次次震撼：那些"压"在遗址上面的单位和建筑物相继被迁移和清理，良渚遗址成为一座国家级考古遗址公园，成为让参观者流连忘返的地方，把深埋在地下的考古遗址用生动形象的"语言"展示出来，成为让普通观众能够看懂、让青少年学生也能喜欢上的中华文明圣地。当年杭州提出西湖申报世界文化遗产时，我认为是一项需要付出极大努力才能完成的任务。西湖位于蓬勃发展的大城市核心区域，西湖的特色是"三面云山一面城"，三面云山内不能出现任何侵害西湖文化景观的新建筑，做得到吗？十年申遗路，杭州市付出了极大的努力，今天无论是漫步苏堤、白堤，还是荡舟西湖里，都看不到任何一座不和谐的建筑，杭州做到了，西湖成功了。伴随着西湖申报世界文化遗产，杭州城市发展也坚定不移地从"西湖时代"迈向了"钱塘江时代"，气势磅礴地建起了杭州新城。

从文化景观到历史街区，从文物古迹到地方民居，众多文化遗产都是形成一座城市记忆的历史物证，也是一座城市文化价值的体现。杭州为了把地方传统文化这个大概念，变成一个社会民众易于掌握的清晰认识，将这套丛书概括为城史文化、山水文化、遗迹文化、辞章文化、艺术文化、工艺文化、风俗文化、起居文化、名人文化和思想文化十个系列。尽管这种概括还有可以探讨的地方，但也可以看作是一种务实之举，使市民百姓对地域文化的理解，有一个清晰完整、好读好记的载体。

传统文化和文化传统不是一个概念。传统文化背后蕴含的那些精神价值，才是文化传统。文化传统需要经过学者的研究提炼，将具有传承意义的传统文化提炼成文化传统。杭州在对丛书作者写作作了种种古为今用、古今观照的探讨交流的同时，还专门增加了"思想文化系列"，从杭州古代的商业理念、中医思想、教育观念、科技精神等方面，集中挖掘提炼产生于杭州古城历史中灵魂性的文化精粹。这样的安排，是对传统文化内容把握和传播方式的理性思考。

继承传统文化，有一个继承什么和怎样继承的问题。传统文化是百年乃至千年以前的历史遗存，这些遗存的价值，有的已经被现代社会抛弃，也有的需要在新的历史条件下适当转化，唯有把传统文化中这些永恒的基本价值继承下来，才能构成当代社会的文化基石和精神营养。这套丛书定位在"优秀传统文化"上，显然是注意到了这个问题的重要性。在尊重作者写作风格、梳理和讲好"杭州故事"的同时，通过系列专家组、文艺评论组、综合评审组和编辑部、编委会多层面研读，和作者虚心交流，努力去粗取精，古为今用，这种对文化建设工作的敬畏和温情，值得推崇。

人民群众才是传统文化的真正主人。百年以来，中华传统文化受到过几次大的冲击。弘扬优秀传统文化，需要文化人士投身其中，但唯有让大众乐于接受传统文化，文化人士的所有努力才有最终价值。有人说我爱讲"段子"，其实我是在讲故事，希望用生动的语言争取听众。今天我们更重要的使命，是把历史文化前世今生的故事讲给大家听，告诉人们古代文化与现实生活的关系。这套丛书为了达到"轻阅读、易传播"的效果，一改以文史专家为主作为写作团队的习惯做法，邀请省内外作家担任主创团队，组织文史专家、文艺评论家协助把关建言，用历史故事带出传统文化，以细腻的对话和情节蕴含文化传统，辅以音视频等其他传播方式，不失为让传统文化走进千家万户的有益尝试。

中华文化是建立于不同区域文化特质基础之上的。作为中国的文化古都，杭州文化传统中有很多中华文化的典型特征，例如，中国人的自然观主张"天人合一"，相信"人与天地万物为一体"。在古代杭州老百姓的认知里，由于生活在自然天成的山水美景中，由于风调雨顺带来了富庶江南，勤于劳作又使杭州人得以"有闲"，人们较早对自然生态有了独特的敬畏和珍爱的态度。他们爱惜自然之力，善于农作物轮作，注意让生产资料休养生息；珍惜生态之力，精于探索自然天成的生活方式，在烹饪、茶饮、中医、养生等方面做到了天人相通；怜惜劳作之力，长于边劳动，边休闲娱乐和进行民俗、艺术创作，做到生产和生活的和谐统一。如果说"天人合一"是古代思想家们的哲学信仰，那么"亲近山水，讲求品赏"，应该是古代杭州人的生动实践，并成为影响后世的生活理念。

再如，中华文化的另一个特点是不远征、不排外，这体现了它的包容性。儒学对佛学的包容态度也说明了这一点，对来自远方的思想能够宽容接纳。在我们国家的东西南北甚至是偏远地区，老百姓的好客和包容也司空见惯，对异风异俗有一种欣赏的态度。杭州自古以来气候温润、山水秀美的自然条件，以及交通便利、商贾云集的经济优势，使其成为一个人口流动频繁的城市。历史上经历的"永嘉之乱，衣冠南渡"，"安史之乱，流民南移"，特别是"靖康之变，宋廷南迁"，这三次北方人口大迁移，使杭州人对外来文化的包容度较高。自古以来，吴越文化、南宋文化和北方移民文化的浸润，特别是唐宋以后各地商人、各大商帮在杭州的聚集和活动，给杭州商业文化的发展提供了丰富营养，使杭州人既留恋杭州的好山好水，又能用一种相对超脱的眼光，关注和包容家乡之外的社会万象。这种古都文化，也代表了中华文化的包容性特征。

城市文化保护与城市对外开放并不矛盾，反而相辅相成。古今中外的城市，凡是能够吸引人们关注的，都得益于与其他文化的碰撞和交流。现代城市要在对外交往的发展中，进行长期和持久的文化再造，并在再造中创造新的文化。杭州这套丛书，在尽数杭州各色传统文化经典时，有心安排了"古代杭州与国内城市的交往""古代杭州和国外城市的交往"两个选题，一个自古开放的城市形象，就在其中。

"杭州优秀传统文化丛书"在传统和现代的结合上，想了很多办法，做了很多努力，他们知道传统文化丛书要得到广大读者接受，不是件简单的事。我们已经走在现代化的路上，传统和现代的融合，不容易做好，需要扎扎实实地做，也需要非凡的创造力。因为，文化是城市功能的最高价值，也是城市功能的最终价值。从"功能城市"走向"文化城市"，就是这种质的飞跃的核心理念与终极目标。

2020 年 9 月

（单霁翔，中国文物学会会长）

湖山佳趣（局部）

目 录

001　　引　言

　　　　第一章
　　　　宋元藏书故事

006　　避祸乱宋室南迁，盼中兴秘书重聚

010　　献家藏诸葛及第，荫子孙陆氏受封

012　　郑渔仲三谒临安，宋高宗痛失良史

016　　刻新书朝野争盛，藏旧籍中枢用心

019　　大成殿高宗止辇，国子监群贤刻书

021　　洪皓使金气节在，桦叶载书文献存

024　　陈起刊印江湖集，陈思携手江湖行

027　　公谨隐居湖州城，草窗卖田买笔札

030　　西湖书院元时建，重整书目永流传

　　　　第二章
　　　　明清藏书故事

036　　洪氏家藏三瑞堂，洪楩刻书清平巷

044 小山堂二林藏书，春草园赵氏重典

053 袁子才借书碰壁，黄允修借书显名

060 鲍廷博献书修四库，清高宗下诏劝好古

第三章

文澜阁故事

072 乾隆爷下诏访遗书，朱学政上书启四库

104 陆费墀饮恨修书业，乾隆爷驾临文澜阁

133 太平军攻占杭州城，丁松生一补文澜书

143 张宗祥玉成红楼事，钱念劬二补文澜书

156 众乡贤解囊襄盛举，张宗祥三补文澜书

181 日本人南下寇杭州，陈训慈西迁护阁书

190 参考文献

引　言

　　放眼人类文明史，越是富庶的地方，越容易产生灿烂的文化。在中国，魏晋南北朝以来，由于北方战乱频仍，人口数次南迁，江浙一带气候和暖，降水充沛，经济的发展速度远高于北方。此后一千多年，这片区域成为中国农耕经济的支柱，百姓生活日渐富足，多令子弟读书，遂使此地成为人文渊薮。杭州则是这个地区尤为璀璨的一颗明珠。文化发达、读书人众多，自然就会兴起藏书的风气。因此，杭州藏书的历史，也是杭州文化史上浓墨重彩的一页。

　　由于时间渺远，大多数古籍带着它们的故事在历史长河中湮没无闻了。特别是在刻本时代开始之前，书籍依靠手工抄写流通，复本难得，连皇家藏书体量都算不上大，私人藏书就更是凤毛麟角了。顾志兴先生通过考证，探寻到东晋两个杭州藏书家范平和褚陶的藏书活动，将其记载于《杭州藏书史》中。五代时，统治吴越国的钱氏家族，也有一些藏书活动，散见于史料之中。他们的藏书活动亦官亦私，本身是值得研究的现象。但是这些史料，大多只言片语，信息量较少，难以体现故事性，故没有在本书中以专章呈现。

　　五代以后，雕版印刷技术被广泛应用于普通书籍的印制，图书的流通数量显著增加，官私藏书均开始兴盛。从雕版印刷普及的初期，杭州就是我国的刻书中心之一，是很多书籍诞生的地方，这为杭州成为藏书重地创造了良好的条件。南宋定都临安，皇家和官府藏书、刻书也在杭州兴盛起来。一些积善之家也开始聚书，私人藏书蔚然成风。这个风气一直影响了有元一代。同样由于时代渺远，宋元时期的藏书史料流传下来的不多，特别是私人藏书的资料更少。而我们发掘藏书故事，更多的富有故事性的素材还是来源于私人藏书家。所以在本书的篇章结构上，宋元藏书故事往往篇幅较短，故事的曲折性也比晚近的藏书故事稍弱一些。我选取了宋代中枢藏书机构和诸葛行仁、陆宰、郑樵、洪皓、周密等几个人物的经历，演绎为几则小故事。

　　到了明清，江浙两省经济实力继续突飞猛进，中进士的人远多于其他省份。读书成为普通百姓改变命运的良好途径，书香门第得到社会的普遍尊重，藏书也成为士大夫阶层的共同爱好。位于江浙腹地的杭州，明清两代诞生了很多载入史册的藏书家。洪氏家族、赵氏家族、袁枚、鲍廷博等藏书人家的经历故事性极强，本书重点呈现了这几个藏书人家的故事。

　　清代乾隆年间纂修《四库全书》是中国文化史上划时代的大事，《四库全书》的纂修从创意缘起到征书献书再到具体的纂修工作，杭州人都做出了卓越的贡献。乾隆最开始还没有完全打定主意要修《四库全书》时，只是命各地采进遗书，时任安徽学政的萧山人朱筠给乾隆上表，建议从《永乐大典》中辑书。乾隆进而在宫中设馆办理《永乐大典》，这个机构很快演化成了四库馆，开始了《四库全书》的纂修工作。在《四库全书》的几个总裁官中有一个杭州人，叫王际华，他具体负责《四库全书荟要》的纂修工作。《四库全书》抄成后，乾隆皇帝为表彰进献底本的臣民，给献书五百册以上的四家各颁赐了一套《古今图书集成》，其中有两家来自杭州，即鲍廷博、汪启淑（另两家为宁波范懋柱、扬州马裕）。《四库全书》当时共抄了七部，其中四部藏在皇宫或皇家园林，另外三部分别放在扬州文汇阁、镇江文宗阁和杭州文澜阁。七部《四库全书》均堪称国宝，也都命途多舛。南三阁中，扬州和镇江的两部已在近代的战火中灰飞烟灭。杭州文澜阁本，则在兵燹之中险些丧失殆尽。嗣后，从丁丙开始，钱恂、张宗祥、陈训慈以及浙江大学的师生等等众人，为补抄和保全文澜阁《四库全书》做出了前赴后继的努力，上演了可歌可泣的故事。关于文澜阁《四库全书》的故事十分动人，所以本书用了较长篇幅呈现这个故事。全书最后一节，讲浙江图书馆人护送阁书西迁的故事，虽然突破了丛书原则上规定的1919 年的时间下限，但因故事着实感人，又为了保证故事的完整性，故而还是坚持呈现给读者。

　　本书撰写过程中引用和化用了诸多学者的研究成果，限于丛书体例，未能一一注明出处。并非有意掠美，将在书后专列参考文献，以致谢忱，并为读者进一步阅读提供线索。

第一章

宋元藏书故事

避祸乱宋室南迁，
盼中兴秘书重聚

建炎元年（1127）五月，被金兵追得四处奔逃的康王赵构在应天府（今河南商丘）即位，赵构死后庙号"高宗"，故而后世称为"宋高宗"。

南下的金兵如猛虎一般，大宋的北部疆域尽失。在金兵的追击下，高宗一路南逃，颠沛流离，甚至一度漂泊海上。金兵北撤后，高宗的行辕回到杭州，可能是出于对"钱塘自古繁华"的贪恋，也可能真的是出于对时局的判断，总之他决定留在杭州了。建炎三年（1129），高宗升杭州为临安府，建为行在。

提到南宋王朝，偏安的印象在国人脑海中挥之不去，"积贫积弱""苟且偷生""西湖歌舞几时休"这些词句成为南宋或者临安的标签。然而，如果纵观整个中国历史，南宋实际上是中国文化十分繁荣的一段时期。陈寅恪先生曾在《宋史职官志考证序》中说："华夏民族之文化，历数千载之演进，造极于赵宋之世。"

自北宋立国以来，南方就开始逐渐发展成为国家经济重心。宋室南渡后，于绍兴十一年（1141）签订《绍兴和议》，结束了宋金之间长达十几年的大规模战争，南宋政局逐渐稳定，江南地区又迎来了发展机遇。

当时皇家珍贵书籍皆藏于秘书省，金人北撤，俘虏了徽钦二帝，扫荡了宋室皇宫，满地遗落的金帛让人惋惜，更令人惋惜的是秘书省的秘阁书籍"狼藉泥土"，丧失殆尽。

绍兴元年（1131），向来尊崇文化的宋高宗带着宋室中枢图书遭遇厄运的创伤，在时局稍加稳定后，总想依旧制重建秘书省。

当时朝中有一位秘书少监，名唤程俱。程俱出身于书香世家，其祖父是庆历二年（1042）科举的榜眼，其父为熙宁六年（1073）科举的进士。程俱是两宋之际颇有名气的官员，以博览群书著称。程俱在北宋时期曾在崇文院（元丰五年改为秘书省）先后任职十四年，他根据自己过去任职期间的见闻和遗存的文献，编纂了《麟台故事》。该书共五卷十二篇，主要篇目有官联、选任、书籍、校雠、修纂、国史、沿革、省舍、储藏、职掌、恩荣、禄廪，内容涵盖了秘书省三馆和秘阁的历史发展，官员的设置、任用、升迁，以及书籍的收藏、编纂等工作。

一日，程俱用一个包袱包裹着一沓东西进宫面圣："臣爬梳南渡以前文献，编纂了一册小书，颜之曰'麟台故事'，或许能够为陛下重建秘书省提供一些参考。"高宗赶忙接过书来翻看，大喜过望，遂决定将重建秘书省一事正式提上日程。该年九月，擢程俱为中书舍人兼侍讲，专司秘书省重建之事。

秘书省起初曾暂设于油车巷东法惠寺，到了绍兴十三年（1143），随着书越来越多，安置成了问题。后来的秘书丞严抑向高宗进言："天下承平日久，秘书省书籍日渐充盈，旧有房舍已不敷用。然油车巷地处狭窄，无法扩建，请旨另择佳处庋藏秘书。"宋高宗同意了严抑的建议，经过多方商议，最终将秘书省地址选在天井巷东的老殿前司寨。

关于严抑生平仕履有多种说法，被普遍接受的说法是生于徽宗大观二年（1108）前后，建炎二年（1128）登进士第。绍兴十年（1140）至绍兴十一年（1141）任秘书省正字，绍兴十一年末至绍兴十三年（1143）初任秘书省校书郎，绍兴十三年至绍兴十四年（1144）任秘书丞，兼国史院检讨官。严抑在秘书丞任上给宋高宗建言很多，重建秘书省、重创浑天仪、续修《宋会要》等都是他的提议。

秘书省，一定程度上有如今国家图书馆的职能，当时朝廷搜访和地方进呈的有价值的书皆藏于秘书省。不过当时的秘书省是不对外开放的，大多供皇室和朝廷的重大文化工程使用。将近九百年过去了，南宋的秘书省在如今的杭州已经踪迹难寻。南宋这个接近白手起家的图书馆到底什么样呢？幸好《南宋馆阁录》（又称《中兴馆阁录》）、《续通志》中留下了一些蛛丝马迹。

一进大门，秘书省中轴线上由南往北依次有右文殿、秘阁、道山堂、著作之庭，著作之庭后面是一个花园，名曰蓬峦。中轴线两侧为东廊和西廊，设有官员办公处、光馆库与各种书库。编修会要所、国史日历所、国史院分布在中轴线道山堂的东西两侧。

整个建筑群有多大呢？东西三十八步，南北二百步。一步大致相当于现在的一米五。大门三间七架，门东廊六间五架，门西廊十间五架，右文殿五间。殿后秘阁五间，高四丈；道山堂五间九架。秘阁和道山堂两座建筑之间

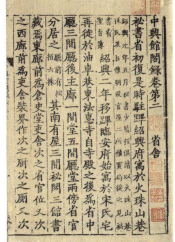

南宋陈骙《中兴馆阁录》书影

有一条长五丈、宽一丈五的石渠，供消防用，渠上架一石桥。著作之庭三间。东廊四十二间，均为七架；西廊四十三间，均为七架。

建筑群内栽种了冬青、柳树、松柏、芙蓉等数十种花草树木，缀以亭台池涧，绿荫环绕，幽静别致。后花园蓬峦更是遍布奇花异木、亭台楼阁、小桥流水，美不胜收。

南宋秘书省藏书的来源及扩充方式继续沿袭北宋时期的做法：一是下令各级官员搜求遗书、鼓励献书；二是各级州府、私家编撰、刻印图书。

南宋初期，为充实朝廷藏书，朝廷大规模鼓励士民献书，给予献书者官职或钱财。据不完全统计，仅绍兴年间，有规模的献书活动就有三十多次。

献家藏诸葛及第，
荫子孙陆氏受封

　　我国古代士大夫阶层往往有藏书的风气，因为这个群体经济实力雄厚，也有更多的闲暇时间去打理自己的藏书。而南宋时期却有一个平民藏书家，这在古代是非常难得的。更为传奇的是，他最终靠藏书取得了功名。

　　诸葛行仁，会稽人，住在城区富民坊和旨楼，出身于平民家庭，酷爱藏书，因藏书量大而知名，在世时即被奉为"越州藏书三大家"之一。

　　时间的镜头对准绍兴五年（1135）的一个清晨，朝廷贴出一张布告，向天下征集图书。诸葛行仁刚好经过，见大伙都在围观什么，便挤上前去一探究竟。诸葛行仁早就想为朝廷效力了，一见这张榜，暗喜：机会到了。他几乎飞奔着回家，和家人一起起早贪黑整理出了八千五百四十六卷藏书，逐一编好目录，献给朝廷。书目很快送到了宋高宗赵构的面前，宋高宗看了诸葛行仁献上来的书目，目录纲举目张，藏书多有善本，龙颜为之一悦，当即赐了诸葛行仁进士出身。

　　相比之下，陆氏家族在藏书史上更为著名。

爱国诗人陆游的家族也是当时有名的藏书世家，祖父陆佃是北宋熙宁三年（1070）进士，曾受教于王安石，精于古文字学、文献学，著有《陶山集》十四卷和《埤雅》《礼象》《春秋后传》等，共二百四十二卷。建中靖国元年（1101），陆佃出任尚书左丞，宋徽宗在越州城里赐了一座宅第给陆佃，后陆游的父亲陆宰就住在那里。

陆宰继承陆氏家学，靠父荫入仕。到了他这一代，陆氏的藏书已经声名鹊起。靖康元年（1126），陆宰乞骸骨回乡，兴建了藏书楼"双清堂"，藏书万卷，跟前文谈到的诸葛行仁一样，为"越州藏书三大家"之一。

绍兴八年（1138）的一日，陆宰在家随手翻书，突然发现书柜里《京本家语》一书，书角竟被虫鼠咬坏了，陆宰心痛不已。仔细检查后，陆宰决定请专业的师傅将书角四周损坏的部分裁掉，另用纸装裱，把书页修补完整。书修补好了，晚上，陆宰在灯光下仔细把玩，非常欣慰，兴之所至，他在书后写下了一个跋，其中有云："予老懒目昏，虽不复读，然嗜书之心，固未衰也。"

原来，在南宋时就有关于读书与藏书关系的思考。如今很多藏书人经常被人问道："你买了这么多书，能读完吗？"南宋时，陆宰已经给出了答案：我虽然不读，但是嗜书之心不衰。后世子孙常常以此事为例，告诫后代要像陆宰这般爱惜书籍。绍兴十三年（1143），秘书省重建，宋高宗率先命绍兴府将陆宰家所藏书目整理呈上。献书一万三千余卷，可见陆家藏书之丰富。

郑渔仲三谒临安，
宋高宗痛失良史

　　南宋的藏书家大多湮没无闻了，只是极个别的人凭借史书中的只言片语留下了一丝痕迹。与他们不同的是，藏书家郑樵通过著书立说，实现了千古留名。

　　郑樵，字渔仲，生于兴化军莆田县（今福建莆田），也有个书香世家的出身。其祖父郑宰，北宋熙宁三年（1070）就中了进士；其父郑国器是太学生，传说他曾经卖掉自己的田产，修筑苏洋陂。郑樵则从小就对六经、诸子百家感兴趣，被乡里誉为"神童"。

　　非常不幸的是，郑樵十六岁时，他的父亲去世。他徒步赶往苏州护送父亲的灵柩回乡，在父亲的墓旁修筑茅屋，立下读书治学的远大抱负，一边守孝一边读书，生活十分清苦。当寒月爬上树梢，屋内孤灯一盏，投射在窗户纸上，显现出微弱昏暗的光，郑樵独坐堂内，讽诵达旦，困了推书就睡。

　　第二年，郑樵在夹漈山修筑了三间草房，屋后青松掩映，屋前流水潺潺。

　　春融天气露微微，药草葱芽脉脉肥。

植竹旧竿从茂谢，栽桃新树忽芳菲。

天寒堂上燃柴火，日暖溪东解虱衣。

兴动便携樽到岭，人生真性莫教违。

这首诗记录了郑樵和堂兄郑厚一起读书时无忧无虑、自在无比的时光。郑厚比郑樵大四岁，是一个通才，哥俩都是读书的种子，在山中一心研究学问，知道哪里有藏书，就立即动身前去寻访，读完才肯回来。虽身处山中，两人却胸怀天下，时常饮酒赋诗，抒发济世的心愿。

兄弟俩闲时便在芗林寺讲学，他们知识渊博，讲授的内容非常有趣。渐渐地，方圆十几里的人都喜欢来听他们讲学。就这样，兄弟俩相伴了六年多。

绍兴十九年（1149），结庐山林三十多年的郑樵第一次赴临安（今浙江杭州）献书。

传说因有人暗中阻挠，郑樵苦苦等了一年，也没能见到宋高宗，他献书的表状《上皇帝书》（一作《献皇帝书》）也被扣下了。《上皇帝书》中，郑樵列出了他的研究成果："十年为经旨之学"，著有《书考》《诗辨妄》《春秋考》等；"三年为礼乐之学"，著有《谥法》《系声乐府》等；"三年为文字之学"，著有《象类书》《续汗简》《梵书编》等；"五六年为天文地理之学，为虫鱼草木之学，为方书之学"，著有《春秋地名》《尔雅注》《诗名物志》《本草成书》《食鉴》等；"八九年为讨论之学，为图谱之学，为亡书之学"，著有《校雠备论》《书目正讹》《图书志》《求书阙记》《集古系地录》等。

绍兴二十八年（1158），那个曾经意气风发的少年如今已经五十五岁了。年过半百的郑樵正值穷困潦倒之时，应宋高宗召对，第二次动身前往临安。这一次，他终于如愿见到了宋高宗。

郑樵向宋高宗言说："小人在山林里住了三十多年，写了约五十种书。如今还有一部尚未完成，这部书参考了司马迁的体例，但又与《史记》有不同之处，以历代史籍为依据，自三皇到隋唐，取名为《通志》。"

宋高宗听完十分钦佩，也十分感动，打算赐他个右迪功郎、礼兵部架阁的官职，让他留在朝中。

郑樵对着宋高宗拜了一拜，感慨地说："皇恩浩荡，小人心领了。如今《通志》尚未完成，这是小人的一块心病啊！请允许小人归山继续把《通志》完成，争取早日将此书献给朝廷。"

宋高宗听了他的一番陈述也为之动容，不愿勉强，便劝他住几日再回去。当时朝中很多掌握着学术话语权的官员不愿意接受郑樵这种治学方式，对他不食国家俸禄还取得显著成果感到不安并心生嫉妒，所以他们不遗余力地在宋高宗面前说郑樵的坏话。

宋高宗为人还算通达，他知道手下这些臣子是什么心态，但是君臣之间也有一个"生态平衡"，不便对臣僚苛责。宋高宗最后资助了郑樵一些笔札，让他归山继续潜心撰著《通志》。

绍兴三十二年（1162），满脸沧桑、形容枯槁的郑樵终于完成了《通志》。我们能想象，搁笔杀青的那一刻，郑樵是怎样的老泪纵横！迫不及待，郑樵第三次动身前往临安。

不巧，皇帝去了建康（今江苏南京），又无法面圣。

通过往返于建康和临安之间的快驿，郑樵与宋高宗取得了书信联络。几经周折，宋高宗从建康发下诏书，授他"枢密院编修官"一职，允许他进入秘书省查阅书籍。

郑樵望着天空长叹一声，以为自己终于可以学以致用了。然而世事难料，朝中那些"主流"文官还是看不惯从山林里出来的"野路子"学问，他们继续对郑樵展开凌厉的攻势。官场的黑暗让他一生的幻想最终破灭，郑樵为此动怒，一病不起。

躺在病床上苦苦等待，宋高宗终于回来了。宋高宗直到回临安后第十七天，他才顾得上过问郑樵的事，命郑樵进呈《通志》。然而，就在宋高宗诏旨下达的当天，穷困一生的郑樵与世长辞，留下了一部不朽的巨著《通志》和一个学者入仕失意的悲情故事。

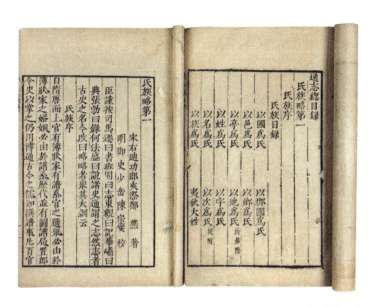

《通志》书影

刻新书朝野争盛，
藏旧籍中枢用心

南宋朝廷以秘书省为中心，不仅搜访旧籍，鼓励地方上进呈新近刊印的官刻书籍，还由朝廷出面组织编撰刊刻了很多皇家图书。

绍兴三年（1133），南宋复置国子监。国子监为最高学府，同时又承担了藏书、刻书的职能，是当时最重要的刻书机构。

绍兴八年（1138），宋高宗下旨不惜重金重新校刻经史群书，"虽重有所费，盖不惜也"。绍兴九年（1139）九月七日，宋高宗诏下诸郡，"索国子监元颁善本，校对镂板"。十五年（1145）闰十一月，博士王之望"请群经义疏未有板者"，令临安府雕造。二十一年（1151）五月，诏令国子监访寻五经三馆旧监本刻板。到了宋高宗晚年，群经义疏几乎已被刻遍。

秘书省征集天下遗书、刊印新书，很快就面临一个大问题——图书的保管。在我国藏书史上，防火和防潮始终是无法绕开的问题。

秘书省重建时，除秘阁和道山堂之间修建石渠用于防火外，还采取了很多防火措施。比如，秘书省内设有防火机构潜火司，右文殿前设置2个水池及10个大水桶，东西偏门外放置20个潜火大桶和38个潜火小桶，另有100柄栲栳杓、2副铁搭钩和2条麻索备藏于潜火司。

绍定四年（1231）三月初六夜，临安城内万籁俱寂。突然，望仙桥东牛羊司前的居民冯家着火了，居民在睡梦中闻到刺鼻的气味惊醒，纷纷掩鼻逃出，奔走相告。

"走水啦！走水啦！"

黑夜中火势异常凶猛，沿着冯家四周的房屋分成数路一直烧，南至太庙墙，北至太平坊南街，东至新门，西至秘书省前，东南至小堰门吴家府，西南到宗正司、吴山上岳庙、皮场庙、星宿阁、伍相公庙，东北至通和坊，西北至十三湾开元宫门楼，总共殃及了一万多户人家。

大火一直烧到第二天中午，黄烟充满整个临安城，处处可闻到刺鼻的气味。临安城沉浸在一片末日灰暗中，太阳如同没有打磨的镜面一样模糊不清，没有光彩。万幸的是，秘书省与民房有巡道分隔等防火措施，又有上面提到的秘书省自身做的这些防火准备，里面的藏书虽也受了些牵连，但大部分保存了下来。

南宋官方藏书有一个非常好的习俗一直沿袭到了今天，那就是曝书。如今，浙江图书馆每年七夕左右还会组织曝书节，曝书的传统可谓源远流长。

传说七月初七这一天是龙王爷的"晒鳞日"，老百姓都会选在这一天晒衣服，防止潮湿霉变，读书人也选在这一天曝晒书籍，久而久之，七月初七曝书成了一种习俗。宋室南渡以后，因为南方气候潮湿，比北宋时期更加重视曝书，因而南宋时期的曝书规模会更大。

　　绍兴二十九年（1159）闰六月的这一天，秘书省要组织一场声势浩大的曝书会。前期，秘书省列出了参加曝书会的人员名单，排好座位、次序。一大早，所有东西都摆放整齐。东、西两壁均为第一行陈列古器，第二行、第三行陈列图画，第四行陈列名贤墨迹。东南、西南两壁均陈列祖宗御书。御屏后陈设古器、琴、砚台，道山堂及著作之庭放满图画。经史子集各种书库均开放，允许参加曝书会的人参观。官员可以在榜上题名，甚至可以刻上石碑。赠送参加者每人《太平广记》《春秋左氏传》各一部和秘阁石渠碑帖两本。如果有官员因故未能参加，还会给他们送去。曝书会持续一天，早食五品，午食茶果，晚食七品，官员们一边品尝美果佳肴，一边观赏图画、书籍，场面隆重而热闹，是一场高规格的文化盛宴。

大成殿高宗止辇,
国子监群贤刻书

国子监是南宋的最高等学府,也是中央教育管理机构,还具有最高出版管理机构的职能。南宋初年,由于北宋时期的书籍被抢掠一空,国子监开始重新校刻经史群书。国子监最初选址在临安城内的纪家桥,经考证,为今天杭州延安路"红楼"之西。

绍兴九年(1139)九月,尚书郎张扩面见宋高宗时提出:"臣打算将各地道学、州学旧的监本书籍搜集回来刻书出版。"这是一个大工程,宋高宗却毫不犹豫地同意了。当然,事情没有像张扩想象的那么简单。各地道学、州学虽藏有大量书籍,但多有残缺,比如搜集回来刊印的《六经》缺《礼记》,搜集回来的正史缺《汉书》和《唐书》。由于搜访图书困难,朝廷很多官员没有给予足够的支持,刻书之事就只能暂时搁置了。

随后的几年,国子监的地位不断攀升,宋高宗也对国子监的教学和刻书十分重视。

绍兴十三年(1143),临安府将籍没的岳飞宅改造成国子监,历时半年竣工,规模宏阔,建筑华丽。内有崇化堂、首善阁、讲堂(四所)、大成殿、石经阁以及住宅区。宋高宗亲自为首善阁榜题词。落成之时，宋高宗又派秦桧送去一座孔子像，放在国子监大成殿中。

绍兴十四年（1144）三月，临安城举行了盛大的皇帝视学典礼。典礼有一套严格而复杂的礼仪程式。这一天晴空万里，宋高宗的车驾队伍浩浩荡荡行走在前洋街，身着龙袍的宋高宗乘辇进入了国子监。

到了大成殿门外，宋高宗挥手示意辇停下，以示对孔子的尊重。宋高宗下了辇，由礼官引导至大成殿外的御幄内举行祭奠仪式。仪式完成之后，宋高宗来到崇化堂，这一次，他进了崇化堂内才示意降辇，以彰显皇帝的权威。

当天，太学生们既紧张又兴奋。除了有机会一睹龙颜，学生们最期待皇帝能临幸斋舍。宋高宗原定计划是只去养正斋，但因为养正斋与持志斋相邻，持志斋的学生们热情邀请皇帝前往，皇帝还是去了持志斋。被临幸的斋舍获得荣光，学生们也往往都能得到赏赐。

直到绍兴二十一年（1151）五月，又有大臣上奏提起刻书一事。宋高宗对秦桧说："国子监中所缺的其他书，即使花很多钱，也要刻。"刻书一事终于迎来了转机，秦桧受命为刻书拨付了专门的经费，如此历时数年，终于完成了正经和正史的刊印。

国子监一方面自己刻书，另一方面也委派临安府或江浙军刻板，再收归国子监付印。据王国维《五代两宋监本考》统计，南宋时期国子监经部有41种557卷（单经本各计一卷），正史有22种2019卷，诸子有6种34卷（庄、列、亢桑、文诸子各计一卷）。

洪皓使金气节在，
桦叶载书文献存

　　宋室南渡以后，北方广大地区在金国的控制之下，宋、金两个政权因为固有的冲突和仇恨，难以建立起正常的文化交流。然而在这种十分困难的形势下，还是有一些人为宋金之间的文化交流做出了一些贡献，其中也有关于藏书的故事。这就要提到一个人和他的家族。这人叫洪皓。

　　洪皓（1088—1155），字光弼，政和五年（1115）进士。《宋史》说他"少有奇节，慷慨有经略四方志"。他原本是饶州乐平（今属江西）人，因在南宋朝中为官，宋高宗赐第宝石山，于是后人世代居于杭州。他的三个儿子俱有才名，长子洪适与次子洪遵同时中了博学宏词科，洪遵高中状元，洪适高中榜眼，一时传为美谈。洪皓的三子洪迈，文名又在两位兄长之上，著有《容斋随笔》，彪炳千秋。洪氏家族直到明清仍为望族，特别是在文化界有着十分重要的影响。

　　建炎三年（1129），洪皓领礼部尚书衔任通问使出使金国。到了云中（今山西大同），金国名将粘罕劝洪皓改为伪齐刘豫效力，洪皓立刻严词拒绝，说："我不愿在鼠狗间偷生。"粘罕大怒，要杀了他。这时候，出来一人劝粘罕："这是真正的忠臣啊，杀不得，杀不得。"于是，粘罕下令将洪皓流放至冷山（今吉林省北部）。

他走了足足两个月，历经千辛万苦才到达冷山。当地气候条件十分恶劣，四月草才刚刚发芽，到了八月已经开始下雪。金国皇族中的元老重臣、陈王悟室（即完颜希尹）也居于此地。悟室一方面佩服洪皓的气节，欣赏他的学识，另一方面见他无事可做，便提出："我家有八个儿子，也到了上学年纪，要不你屈尊来我家给他们当老师可好？我知道你喜爱读书，我家中的书任你翻阅。"洪皓心想暂时也没有其他事可做，便答应了。

洪皓到陈王府一边教书，一边读书。无奈冷山气候条件实在太差，这一年的大雪比以往来得还要早、还要猛烈。一日，天寒地冻，柴火都用完了，洪皓只得把马粪晒干当作燃料煮面吃。刚巧有学生来看望他，见老师过得这般凄惨，于心不忍。

学生说："老师，你等着，我去给你拾点柴火。"

洪皓百般推辞。

学生转身就出去了。天地都冻上了，哪里有柴火呢？学生其实是去自己家抱了一捆柴和一袋面给洪皓送来。

洪皓酷爱读书，又喜书画，在金国的十五年间，虽然身处艰苦环境，但仍怀有藏书的喜好，教书之余，他常去集市上搜寻好书。

这日，洪皓听说十里地外有个张家，家里有一箱祖上留下的书，正打算处理。天特别冷，但洪皓裹上厚袄就出了门。冰天雪地的，他足足走了好几个时辰。

这些书，原本都是北宋时期宫廷所藏，金人攻破开封时，掳走了一大批，洪皓千方百计地搜罗故国文献，日复一日，日积月累，他的藏书达到了一万多卷，名画数百卷。这其中既有北宋乾德、开宝间御府所编次的太祖皇帝御笔数十卷，还有昭文馆原藏唐代姚康《科第录》前五卷。由于条件有限，用于书写的纸张非常珍贵，洪皓想出一个办法，用桦树叶抄写《论语》《孟子》《大学》《中庸》等书，后来这成了有名的"桦叶四书"。

日子久了，金国皇帝听说了他的名声，心想：这样的人才如果为我所用，岂不是很好？便与亲信商议，授他个翰林学士、中京副留守，把人留下。皇帝派人去找洪皓，告诉他这个消息，洪皓当场严词拒绝，打算自杀以保气节。金国皇帝见此人如此坚决，便作罢了。

绍兴十三年（1143），洪皓得到机会，逃脱了金人的拘押，全节南归。走时，他带上了一部分在金国所藏的书籍、书画，这些书和画后来被收藏在秘书省。洪皓归来，深得南宋朝野敬佩，大家将他比作持节不屈的苏武。

陈起刊印江湖集，
陈思携手江湖行

读过中国文学史的，无人不知陈起和他的《江湖集》。

陈起，字宗之，号芸居，别称武林陈学士。他是诗人、藏书家、出版家。陈起在闹市的小巷中建了一个藏书楼，叫"芸居楼"，藏书数万卷。

临安城的闹市街头往往游人如织，而陈起的芸居楼却闹中取幽，环境清雅。芸居楼与其说是藏书楼，不如说是图书馆。楼内藏书允许外借，这在当时是不多见的，经常有买不起书的清贫学士前去借阅。久而久之，陈起结交了很多贫苦的读书人，芸居楼成了文人学士交友会客的活动场所。时常到了傍晚时分，三五友人陆续走进芸居楼，案上堆满了淡青色的竹简古籍，架子上用来驱虫的芸草散发着独有的清香。①这些芸草都是陈起自己去山野采集的，放在楼内熏洗书架，可避虫害。文人学士围案闲坐，或饮茶，或翻书，或闲聊，他们畅谈古今书事，异趣横生。有时一个话题抛出，引起大家共鸣，有人拍案而起，有人仰天大笑，饮酒赋诗，好不自在。在这样一个闹市街头，芸居楼遗世独立。

藏书楼能独立于现实世界之外，人却不能。陈起为

① 古人藏书多用芸香驱蠹虫，所以称书籍为"芸编"，书斋为"芸窗"等。

侍养老母，在临安府城内睦亲坊开了一家叫陈宅经籍铺的书铺，既卖书又自己编纂、出版。睦亲坊当时是学校集中地，皇亲国戚的子女都在附近读书。陈起的书铺刻书工艺精湛、字体隽秀，所刻的书在书后大都刻有类似"临安府棚北大街睦亲坊南陈宅书籍铺刊行"等字样，很快书铺就出名了，其所刊书籍，人称"书棚本"。

陈起凭借自己多年积攒的人脉关系，搜罗、收购了一百多家诗文，编辑、出版了一部诗歌总集《江湖集》，共九卷。《江湖集》所录的现可考的一百一十个作者大部分是出身布衣的文人学士，如戴复古、姜夔，也有少量身居要职的官宦之人。他们诗文风格迥异，有对朝廷的戏谑嘲讽，也有渴望隐逸的潇洒散淡。

《江湖集》名声大噪。宝庆初年，正值宰相史弥远当权之际，为了钳制舆论，一日，他听闻陈起所刻《江湖集》内有几句诗："东风谬掌花权柄，却忌孤高不主张。""秋雨梧桐皇子府，春风杨柳相公桥。"他判定这几句诗是诽谤自己的罪证，影射皇太子被废后的凄惨和对自己如日中天的讥讽，当即禀告皇帝，要求查禁此书。陈起因此被发配边地八年，《江湖集》的书板被销毁，"江湖派"也从此被禁止作诗。

直到史弥远死后，陈起才得以重操旧业，又陆续刊刻了《江湖前集》《江湖后集》《江湖续集》《中兴江湖集》等诗集。

至于那个叫陈思的人，历史资料对他更加语焉不详。他生活在宋理宗时期，一度做过小官，主要负责给朝廷搜访好书。后来在棚北大街经营一个书铺，以刻书、编书、藏书为生。

陈思出版了《宝刻丛编》《海棠谱》《两宋名贤小集》①等书，刊印了大量唐宋年间的诗集，他尤其擅长鉴别古籍真伪。一日早上，一个张姓的藏书人要将家中的一批书处理掉，托陈思代办。陈思立即起身前往查看，发现好书不少，欣喜万分。从张家出来，陈思径直去了陈起的铺子，约上他直奔酒馆畅饮半日，直到黄昏时分。两人喝完酒，在西湖边散步，湖面被山后的最后一抹夕阳映射得波光粼粼，阵阵暖风拂过，夹着一丝黑夜将至的凉意，也许是酒寒。陈起和陈思就这样走着、聊着，不知过了多久。

有人考证出他是陈起的儿子，也有人考证出他是陈起的朋友。陈思与陈起究竟是什么关系，到底有没有关系，这段历史已被尘封，我们无从知晓。但我们从现存的资料可以想象出，在熙来攘往、市井繁华的南宋都城临安，生活着像陈起、陈思这样一批心怀理想的书商，他们游弋于官场的边缘，洒脱而独立，从事和书相关的工作，留下不朽的佳作，在历史的长河中熠熠闪光。

①《两宋名贤小集》旧本题"宋陈思编，元陈世隆补"。

《宝刻丛编》书影

公谨隐居湖州城，
草窗卖田买笔札

这里要说的这个人是一个济南人，他出生在吴兴（今浙江湖州），随为官的父亲辗转多处，最后落脚在杭州。他对杭州的热爱，全都倾注在为杭州编书上，关于杭州的许多史料都仰赖他编的一套书才流传下来，这套书就是《武林旧事》，编者名周密。

周密，字公谨，号草窗。他出身于藏书世家，从小跟随做官的父亲周晋辗转于福建、浙江多地，饱览了南方的山山水水。周密从小受父亲的熏陶，父亲读书的场景在他的记忆里留下了深刻的印象。

清平乐
〔宋〕周晋

图书一室。香暖垂帘密。花满翠壶熏研席。睡觉满窗晴日。　　手寒不了残棋。篝香细勘唐碑。无酒无诗情绪，欲梅欲雪天时。

一间屋子堆满书籍，窗户被帘子遮挡得严严实实。插满鲜花的翠色花瓶摆放在案台上，到处香气四溢。一觉睡醒，太阳已爬上窗台，室内温暖如春。一盘因手冷未下完的残棋还在眼前，点燃香炉，再仔细琢磨一下唐碑。

没有饮酒作诗的兴致，梅花将开，雪天将来。周密在这样的环境中长大，思想也日渐成熟。

父亲去世，周密自荐进入临安府，在宦海沉浮几年之后，选择隐居湖州。隐居的日子里，周密时常怀念父亲，畅饮赋诗过后，友人散去，一轮明月照窗台，虫鸣啾啾，他独自坐在案前读书，百般寂静，仿佛回到了他小时候看父亲读书的场景。时光荏苒，那个意气风发的少年已不在，几年官场沉浮让他看清了世事，也看透了人生。

决心隐居之后，周密在家中建起了"书种""志雅"两座藏书楼。将三世的藏书都安置在楼内，共有书籍四万二千余卷，金石之刻一千五百余种。

藏书楼建好，周密一头扎进了楼里，除去吃饭、睡觉，终日不出楼，家里的日常生活都是靠妻子打理。但是坐吃山空，家里的经济情况逐渐艰难起来，入不敷出了。

这日晚上，妻子忍不住向周密抱怨："你终日把自己关在楼内，我原本也不忍打扰你，可是，现在家里已经没有钱了，下个月你买笔札的钱都拿不出了。"

妻子的一番话惊醒了周密，他回想自己做官的这些年，空有救世之心，却一直不得施展，现如今只想隐居读书，却连笔札都买不起了。再看看身边一身旧衣的妻子，他越想越悲痛，躺在榻上辗转反侧。

第二天，周密起了个大早，到他家的田里转了转。经过一夜的考虑，他决定：卖地。

他回家找了一块细细长长的木板，写上五个大字：卖田买笔札。这块板子就立在他们家田边，引得过往的人纷纷驻足。

有人说："这地的主人一定是脑子坏了。"

有人说："这地的主人令人钦佩啊！"

一里地外有个王家，祖上是大户，现在的主人王氏也是个读书人，一直对周密在家修藏书楼一事怀有敬意，现又听闻他为了买笔札在卖地，一合计，便差人去周密家表示愿以高于市价两成的价格买下他家的地，并承诺周密可以随时赎回。

周密百感交集，最终将自己家的三亩地以市场价卖给了王氏，并承诺王氏可以来他家的藏书楼翻阅书籍。

景炎二年（1277），元兵攻破湖州。无奈之下，周密带着三代人的藏书举家迁至杭州，定居在癸辛街。周密在此后的几十年一直居住在这里，直到去世。

西湖书院元时建，
重整书目永流传

元兵攻破南宋都城临安时，国子监被废。后在南宋太学的基础上建成西湖书院。与其他书院不同的是，西湖书院继承了国子监的图书，藏书量大。凭借这一优势，西湖书院很自然地被用来藏板、刻书。

黄溍所写的《西湖书院义田记》中有这么一段话：

> 昔天下未有学，惟四书院在梁楚间。今江浙行中书省所统吴越间之地，偏州下邑无不立学，而其为书院者至八十有五，大抵皆因先贤之乡邑及仕国遗迹所存而表显之，以为学者之依归。不然，则好义之家创为之，以私淑其人者也。独杭之西湖书院，实宋之太学，规制尤盛，旧所刻经史群书有专官以掌之，号书库官。宋亡学废，而板库具在。

这段话说明南宋留下的书板成为西湖书院刻书事业的坚实基础。那么，南宋究竟留下了多少书板呢？据王国维《两浙古刊本考》卷上《元西湖书院重整书目》显示，"凡经、史、子、集毋虑二十余万（片）皆存焉"，约三千七百卷。

当时一个叫徐琰的官员主持西湖书院，将格局进行了一番重整。徐琰，东平（今属山东）人，"东平四杰"之一，少时颇有文采，经人推荐入朝，先后在陕西、湖南做过官。在杭州主持西湖书院时，已年过半百。为了纪念孔子，徐琰在院内设置了祭祀孔子的礼殿，又将位于锁澜桥旁的三贤堂迁到院内，用来纪念白居易、林逋和苏轼。除此以外，还设有讲堂、尊经阁、书库，有专人管理。经过一番修整，西湖书院初具规模。

西湖书院有民间捐助的学田，基本能够维持日常开支。但如果收成不好，书院也很艰难。

有个叫朱庆宗的买卖人，祖上为官，家有良田千亩。他有两个儿子，从小家境优越，吃穿不愁，资质平平但都喜爱读书。儿子爱读书，家境也好，做父母的自然鼓励。

这个买卖人心想：若这两个孩子将来能考取功名，岂不光宗耀祖？带着父亲的厚望，两个孩子都进入了西湖书院读书。可惜两人一直学业平平，几年后从西湖书院肄业。虽未能如愿考取功名，却也感念师恩，两人跟父亲说，书院里需修缮的书板众多，花费巨大，虽有学田勉强支撑，仍不宽裕。朱庆宗心里一合计，捐赠了宜兴州二百七十五亩圩田给书院，给书库专款专用，修补书板。

元至治三年（1323）夏至泰定元年（1324）春，在书院山长黄裳的带领下，对西湖书院所存宋代书板进行了一次大规模的整理修补。

让我们把镜头拉回到至治三年，西湖书院的书库里堆满了书板，汗牛充栋。很多书板因虫蛀失修，都有了不同程度的损坏，散发着特殊的气味，仿佛一段历史正被尘封在这个建筑里，等待着人们去挖掘。

这是一项浩大的工程，一批书板修复工匠终日在书库密密实实的书架间穿梭着、忙碌着。他们对清理出的书板进行修补、登记，少时几十人，多时上百人。这些流水线上的书板修复师正用双手触碰历史，这种感觉真的让人心生羡慕。

最终，黄裳等人修复、编纂、著录经、史、子、集书目122种，成为研究宋代国子监刻本的重要资料。具体书目如下：

经凡51种：《易古注》《易注疏》《易程氏传》《书古注》《易复斋说》《书注疏》《诗古注》《诗注疏》《穀梁古注》《穀梁注疏》《埤雅》《论语古注》《论语注疏》《论语讲义》《仪礼古注》《仪礼经传》《春秋左传注》《春秋左传疏》《公羊古注》《公羊注疏》《孝经注疏》《孝经古注》《古文孝经注》《论孟集注》《孟子古注》《孟子注疏》《文公四书》《大学衍义》《国语注（补音）》《春秋高氏解》《礼记古注》《礼记注疏》《周礼古注》《周礼注疏》《仪礼注疏》《仪礼集说》《陆氏礼象》《葬祭会要》《政和五礼》《文公家礼》《经典释文》《尔雅古注》《尔雅注疏》《说文解字》《玉篇》《广韵》《礼部韵略》《毛氏增韵》《博古图》《孔氏增韵》《文公小学书》。

史凡36种：《（大字）史记》《（中字）史记》《史记正义》《东汉书》《西汉书》《三国志》《南齐书》《北齐书》《宋书》《陈书》《梁书》《周书》《后魏书》《元辅表》《刑统注疏》《刑统申明》《刑律文》《成宪纲要》《新唐书》《五代史》《荀氏前汉纪》《袁氏后汉纪》《通鉴外纪》《通历》《资治通鉴》《武侯传》《通鉴纲目》

《仁皇训典》《唐书直笔》《子由古史》《唐六典》《救荒活民书》《临安志》《崇文总目》《四库阙书》《唐书音训》。

子凡 11 种：《颜子》《曾子》《荀子》《列子》《扬子》《文中子》《太玄温公注》《太玄集注》《武经七书》《百将传》《新序》。

集凡 24 种：《通典》《两汉蒙求》《韵类题选》《回文类聚》《声律关键》《西湖纪逸》《农桑辑要》《韩昌黎文集》《苏东坡集》《唐诗鼓吹》《张南轩文集》《曹文贞公集》《武功录》《金陀粹编》《击壤诗集》《林和靖诗》《吕忠穆公集》《王魏公集》《伐檀集》《王校理集》《张西岩集》《晦庵大全集》《宋文鉴》《文选六臣注》。

《元文类》书影

在西湖书院所刻诸书中，有一种书的刊刻流程被文献记录，即今藏于中国国家图书馆的《元文类》。

《元文类》，原名《国朝文类》，是元代诗文选集，共 70 卷，元苏天爵编，历时 20 余年，共收集了 800 余篇诗文。据文献，将其刊刻过程还原如下：

至元二年（1336），翰林院兼国史院待制谢瑞等人觉得此书内容有很重要的价值，便向国史院请求在西湖书院刊印此书。

国史院经审阅，觉得此书确有刊印必要，于是就行文向礼部汇报。

礼部拿到请示以后，经仔细鉴别，决定组织专家开会讨论，耗时数月。经专家商定，此书确有刊印必要，于是再向上一级中书省汇报。

中书省公务繁忙，数月后相关官员才得空商议此事。几轮商议、评定，最终同意将此书交给西湖书院刻印。

辗转几级，西湖书院接到命令，丝毫不敢懈怠，立即组织人手对《国朝文类》进行编辑、审稿工作，用了一年多的时间，终于圆满完成了出版任务。

元代的杭州虽然不再是国都，西湖书院也不再是国家的最高学府，但是西湖书院刻书仍然保留着皇家刻书的高水准。《元文类》即是一个代表。

第二章

明清藏书故事

洪氏家藏三瑞堂，
洪楩刻书清平巷

　　鸡鸣数声之后，刻工高良仁从睡梦中醒来，揉了揉眼睛，穿上衣服来到院子里，天已经完全亮了，难得的晴天。他是杭州仁孝坊清平山堂的刻工，本是山东人，家中世代务农。五年前，浙江一个"南蛮子"商队，带着南方的各类稀罕物件、水果，还有耍杂耍的，到他的家乡来。高良仁觉得务农太苦了，决心出来闯一闯，就跟着商队到了浙江。山东这地方的人，务农为本，但是农民生活其实不容易。且不说官府上下层层盘剥，光是天灾，就难以忍受。山东的春天，五年里得有三年遭旱灾，春天年年缺水；到了夏天，又时常有洪涝。运气不好的年头，再来一次蝗灾，庄稼颗粒无收。最难伺候的母亲河黄河，脾气颇不好，时常改道，就像甩鞭子一样抽打着山东大地。到后来，还是浙江人潘季驯把黄河治理服帖了一段时间，那是高良仁中年时候的事了。

　　高良仁做出背井离乡的决定，家人并不赞成。现在虽然天下太平，但毕竟路上有很多意想不到的艰险。到了异乡，人生地不熟，连块地都没有，怎么立足？想做点小生意、学点小手艺，朝廷并不是很支持。重农抑商、安土重迁，是我们这块土地上源远流长的传统，这个传统在山东尤甚。但是高良仁实在厌倦种田—娶妻—生子、儿子再种田—娶妻—生子这样的死循环。他还是毅然决然地跟着商队南下了。他在杭州落脚，开始做了很多种工作，时间都不长。后来，城里的清平山堂招工，他就应聘来做刻工了。

清平山堂在杭州城里仁孝坊清平巷，是一个刻书的作坊，清平山堂的刻书，兼有家刻和坊刻的特点，有的书是东家自家用书，也有些拿来市售。作坊不大不小，一个小院，面街的一排是门市，刻印好的书在这里销售。后院正北三间房是刊刻、刷印书籍的地方。东厢房三间，住着伙计、刻工、刷工等六七个人。西厢房是厨房和书库。

高良仁刚来时有很长一段时间吃不惯这里的饭，因为山东多吃玉米面和小米，细粮就是小麦面粉蒸馒头或者烙饼。到了浙江，几乎顿顿吃米饭，这白米虽然是细粮，但是经不起顿顿吃。今天早上这顿是片儿川，实际上就是雪菜肉片面，跟山东的面条也不一样。好在五年下来，高良仁已经逐渐适应了这里的饮食习惯，赶紧扒拉几口，

清平山堂

就去北房赶工了。

现在这几个人正在刊刻的是一套很有趣的书，叫《六十家小说》（一作《六家小说》）。刻工大多没什么文化，认识字而已。高良仁过去在村里常跟一位白胡子老先生一起玩，跟他学过一些字，听老先生讲过很多故事，东周列国啊，三国啊，隋唐啊，他都听得津津有味。现在刊刻的这《六十家小说》，也是这一路作品，刻板子的间隙，高良仁喜欢读读这些书的写样。

写样是刊印书籍的一个工序，当时的写样技术有了一些变化，主要表现在字体上，横平竖直，字的拐弯减

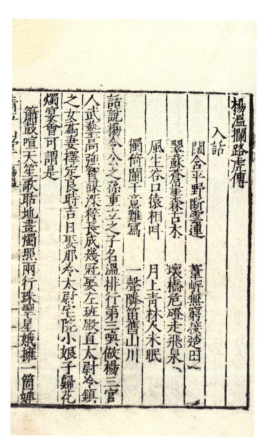

清平山堂刊《六十家小说》之一书影

少了，不像以前的字那样飘逸了，但是写样和刊刻都快了很多。高良仁干了几年也摸出了窍门，不再一个字一个字地刻。拿到一块板子，他会按笔画刻，先把横刻完，再把竖刻完，最后再刻其他笔画。这样刻书速度会明显加快，东家给的钱也会多一些，这比在家种地的收入高多了。

忙碌了一会儿，掌柜的把高良仁叫过来，命他去东家家里跑一趟，把刚印出来装订好的一册蓝印本送给少东家过目。东家不住在城里，住在城西北二十来里地五常乡洪家埭的一处大宅子里。二十几里地不近，但是好在水路畅通，高良仁出了铺子不久，就从中河的一个码头上船，经江南运河进入西溪，然后一路西行。

他走过几次，也算轻车熟路，在船上小心翼翼翻看新印出来的书打发时间，很快就到了。高良仁到洪园，找到门房，说是来送蓝印本的，门房就放他进去了。园子里有专门的藏书楼，挂着一块匾额"三瑞堂"，藏书楼也有专人打理。高良仁每次来都被藏书楼里的书所震撼，专管藏书的老先生也允许高良仁看看，因为东家和少东家素来劝人读书，并不会怪罪。

东家名叫洪楩，字子美，现在京中任詹事府主簿，不常回来。洪府和清平山堂的事，多由少东家洪瞻祖和几位叔侄打理。

高良仁爱听老人讲故事，每次来都会跟管三瑞堂的老先生聊聊，这次聊到了东家的家族藏书史。

"我们老爷族上已经煊赫了很多年，往上追溯，从南宋时就住在这里了。

"大宋朝被北方的金国打到偏居江南，临时定都杭州。后来两国国界基本划定，老爷祖上就出了一位出使金国的使臣，叫洪皓。宋高宗赵构认为洪皓冒着生命危险出使金国有功，就在西湖边的葛岭上赐了他一处宅子。洪皓的三个儿子，都名垂青史，一个叫洪迈，一个叫洪遵，一个叫洪适。"

老爷子说着，就带着高良仁到了一个书架边，指着一套书说："你看这套《隶释》，就是大爷洪适的著作，他精通文字之学。"

又往前走了几步，他指着一套书说："这一套《泉志》是研究古钱的不朽之作，是二爷洪遵的著作。"

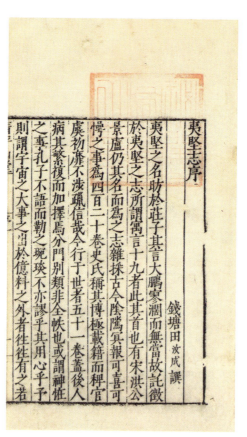

清平山堂刻《新编分类夷坚志》书影

"你看那边，厚厚的那一整套《容斋随笔》，还有那套《新编分类夷坚志》，是三爷洪迈的著作。"

高良仁说："噢噢，这个我知道，《新编分类夷坚志》我还参与刊刻了呢。"

老爷子笑了，接着说："兄弟三人在后世当属三爷洪迈名气最大，但是要论功名和爵位，当属二爷洪遵最尊，他是当年的状元郎，大爷则是这一榜的榜眼。二爷官至同知枢密院事、资政殿学士，荣耀备至。洪遵就是我们老爷这一支，南宋的时候就在我们脚下这个地方住了。"

高良仁听得十分认真，大开眼界。

"就说最近几辈吧，我家老爷的祖父，恕个罪说叫洪钟，字宣之，受其父影响，酷爱藏书。你来看这函书。"

说着，他走到一个书架上取下一函书，打开函套，里面是蓝绫面包背的《屠康僖公文集》。老爷子翻到一页，说："这是宣之公的母亲姚夫人的行状。"他接着给高良仁讲解了这段行状：

> 汝父存时见汝聪明过人，每喜谓人曰："人积金以遗子孙，吾惟教子以一经耳。"每得当代名公文稿，必亲手录以为汝式。又尝私语汝曰："吾家自安抚公以来，累世积德，然未有显发者。虽吾祖与父大负才美，而不获见用，吾亦偃蹇若是。所以显发而昌大门户者，尚有望于尔曹也。汝能记之乎？"

"读书藏书成了洪家的家风，到了我家老爷的父亲这一辈，一直到我家老爷，风气更盛。这你就知道了。我家老爷不仅读书、藏书，还热衷刻书，所以你才进得来这洪家的门啊！"老爷子说到开心处，开起了玩笑。

"比如你今天送来刚刻完的这一册《快嘴李翠莲》，这是唐朝的故事，宋朝人给编成了话本。到国朝，话本已经不多见了，你们现在把它刊印出来，也是不朽的功业啊！"

高良仁听着不断点头，整个过程他都几乎不忍心打断老爷子。直到日头偏西，不得不告辞回去了。高良仁这才谢过老爷子，离开洪园，登船回清平巷去了。在回去的路上，高良仁想了很多："像东家这样的人物，能够祖祖辈辈书写属于他们自己的历史，将来的人能够传扬他们的故事，不仅因为他们的官职，也因为他们收藏和刊刻的书。也许像我这样的小人物，没有在历史上留下名字的可能，但是刻书成为我糊口的饭碗，我的工作帮助了东家这样的人青史留名，这已经十分有意义了。"

一天的忙碌之后，清平山堂的铺子上板打烊，周遭恢复了宁静。吃过晚饭的刻工们在东厢房闲聊，高良仁把他在回来的船上产生的想法说给大家听。

一位刻工说："谁说我们不会在历史上留下名字？东家要求我们每刻一块板子，都在板框边上或者版心刻上我们的名字。虽然主要是为了给我们核算数量，检查质量，但是书印出来，我们的名字不是也跟书一起长存了吗？"

高良仁说："对啊，我倒没想到这一层。你看这刻出来的书，上面有很多像我们这样的无名刻工，这是多么巨大的一群人啊！也许将来会专门有一门学问来研究我们呢。"

说着，大家都笑了。

他们的笑声留在了历史的长河中。他们当时可能没有细想，五百年后的某一天，一位学者研究洪氏的藏书时，会在《明代刊工索引》上搜寻他们的名字。

小山堂二林藏书，
春草园赵氏重典

胡林打理好了自己的小船，准备随船队出发了。除了一应日常所需物品，最重要的就是船舱里两箱"货物"——用几层油纸包裹好的书。这是乾隆初年的苏州，清王朝定鼎中原已经一百多年了。经历过清初一番动荡之后，如今的江浙一带居民逐渐回归了稳定的耕读生活，也谈得上海晏河清了。胡林是苏州书店古吴山房的学徒，跟着师父学做书籍的买卖，已经有一年多了。这次到杭州卖书，师父本来也要同往，但是临时有事去不了了，便对胡林说："小胡，你学徒也一年多了，做生意基本的道理也该懂了，也是时候独当一面了。这次我去不了，不如就你独自前往吧，也是一种锻炼。路上无非是注意随身财物的安全，跟同行的客商搞好关系。做生意多赔个笑脸儿，多长个心眼儿。"胡林近来听掌柜的说，杭州近些年卖书容易，店里很多年没跑外埠生意了，想跑一趟，胡林也很感兴趣。现在赶上让他一个人去，虽然从没走过这一路，但是心里还是有底的。

船队里各类船只都有，有苏州本地的商人，也有做完生意返回杭州的。各种生意人都有，但卖书的并不多。有很多是从苏州贩卖土特产到杭州去，这个船队里有好几艘船是专门卖橘子的，杭州人特别喜欢太湖区产的一种橘子，名唤作"洞庭红"。

船队从太湖出发入苕溪，走东苕溪，逆流而上，直到余杭县境内，转西塘河入江南运河，再稍往前走，便到了拱宸桥。船只到了拱宸桥，即分散开来，有的就在拱宸桥畔上岸，有的继续前行，到武林门码头上岸。

胡林在拱宸桥就上了岸，桥西一带，有很多旅店、商铺，也有露天交易的集市，好不热闹。胡林打听到书市所在，就背着两箱书径直过去了。胡林为人谨慎，颇得掌柜和师父喜欢，这次出来，也按长辈们说的，谨言慎行。他想一定要先把卖书的任务完成了，再在街市上逛逛，到时候买点杭州当地的土特产给父母、掌柜和师父带回去，也是一点心意。

到了书市，看到有不少摊位，来看书、买书的人也不少。买书的人大多身着长衫，文质彬彬。胡林这一年跟着师父也学会了些察言观色，有些看上去的确是读书人，有些应该是倒卖书籍的商贩，可能是从城里的书店出来上货的。胡林找了一块空地，把摊子摆下，很快就有不少人来看书。古吴山房除了经营苏州本地刊印的新书，也经营旧籍，有些是从大小藏书家家中散出来的，不乏珍本。

正午时分，胡林的一整箱书已经卖掉了大半。买书的人稍少了，摊贩们一边拿出自带的干粮，一边闲聊起来。因为生意比较好做，不存在恶性竞争，摊贩们关系十分融洽。胡林起初就在一边听他们聊，边上摊贩看到他，便与他攀谈。

其中一位问他："小兄弟，你是从哪儿来的？"

胡林抱拳说："从苏州来的。"

这位继续说："看你眼生，可能是不常来。近年来，咱这生意还算好做。只要你书好，保证你的书在这市上不过夜。"

胡林听着觉得很有趣，又有些怀疑。

这位摊贩见他不太相信，接着说："你要是运气好，赶上城里赵员外来，保准把你的书包圆了。"

胡林说："这位赵员外是什么人？"

摊贩说："嘿，赵员外你都不知道啊！"

胡林来了兴致，忙说："我是外地人，不知道，您跟我讲讲。"

摊贩说："在这杭州城里平安坊，住着一户姓赵的人家，这家是兄弟俩。大爷赵昱，号谷林；二爷赵信，号意林。人称赵氏'二林'。"

胡林听着不断点头。

摊贩接着说："这赵家可阔绰了，在平安坊有一处大宅子，名唤'春草园'，进去过的都说又大又美，堪比皇宫。他们的藏书楼，叫作'小山堂'，书太多太多了。"

胡林知道这些坊间传说里面总有夸张的成分，笑着等他接着说。

"尤其这哥俩就喜欢藏书，要不怎么咱这行都知道他们呢？他们大爷谷林先生还有个儿子，名唤赵一清，酷爱藏书，比他父亲更甚。他们家的人只要到了咱这市上，从不空手而归。我是经营本地书坊刊刻的新书的，倒还沾不了什么光。要是有什么珍奇异本，他绝不会放过。像你们苏州过来的，要是带点他们老哥俩未曾经眼的，准保好卖。不过你还骗不了他，得是真好，人家见过的书比咱吃过的饭都多。"

胡林听着觉得有趣，但也将信将疑。

正在这时，市头上起了一点小小的骚动，就听有人说"赵相公来了"。只见市头上慢慢走过来几个人，为首的一位，书生打扮，器宇不凡，后面跟着几个人，应该是陪同的。这时，边上的摊贩跟胡林小声说："兄弟，赶巧了，中间那个，就是我刚才跟你说的赵一清。"这位赵相公，一边翻检摊位上的书，一边与众摊贩抱拳打招呼。接着，不断有几个商贩拿着书上前请他过目，有的他看了看，就命后面随从把书收起来，给商贩付钱，也有的，他看看就把书还给商贩，也不动声色。

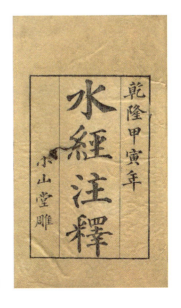

赵一清著《水经注释》书影，小山堂刻本

当走到胡林这里时，赵一清停下了脚步，对摊上的书表现出了兴趣。胡林堆着笑脸，抱拳施礼。赵一清只点点头回礼，兴趣全在书上。

这时赵一清说话了："这位小兄弟看着眼生，你是外地来的吧？"

胡林赶忙回复："先生慧眼，小可是从苏州而来。"

赵一清点点头，说："怪不得呢……你还有别的书吗？"

胡林赶忙说："还有一箱。"说着将另一箱书打开。

赵一清一一翻着，频频点头，把这一箱书都仔细小心地翻了个遍。

令胡林意外的是，赵一清问："不知小兄弟尊姓大名？"

胡林说："不敢不敢，在下胡林。"

赵一清说："噢，胡兄，今天晚上住处可有安排？"

胡林心想：住处有什么安排？当然是睡在船上啊。

当然，师父一直跟他说，做书籍生意，跟文化人打交道，要有起码的礼貌。胡林说："小商小贩，谈不上什么住处，夜间住在船上。"

赵一清说："如此，如不嫌弃，可否到寒舍一叙？"

胡林有些惊讶："岂敢岂敢，不便如此打扰相公。"

赵一清坚持说："先生请不要客气，您带来这些书都是好书，我想全部买下来，我们也顺便到寒舍聊聊书。"

胡林见不好推辞，只得答应了，便与赵一清同乘一辆马车，赶往杭州城内。

通过在马车里的交谈，胡林了解了赵家藏书的历史。

原来赵家的祖上，可以追溯到宋代著名史学家赵希弁。这当然是十分久远的事情了。而赵谷林和赵意林的母亲，是祁彪佳的外孙女。说起祁彪佳，胡林就知道了，那是著名的绍兴藏书楼澹生堂的主人，父子两代祁承㸁、祁彪佳都在书界享有盛誉。澹生堂的藏书后来散出了，一部分到了黄宗羲那里，黄宗羲又把它传给了鹳浦的郑性。还有一部分到了吕留良那里，吕留良的书最后全都没留下来。澹生堂的书只有一小部分归了赵谷林和赵意林。

赵一清说："家父曾多次赴绍兴访求澹生堂遗物，只叹年深日久，湮没无闻，最终没有什么发现。唯得一块匾额，上写'旷亭'二字，为董其昌所书。家父便于春草园之池北竹林中构数椽屋舍，悬匾额于其上。"

到了赵一清家中，胡林小心翼翼地跟随下人进得厅堂，环视春草园中的一切，方知刚才那个摊贩跟他说的并不算太夸张。

赵一清向胡林说："家祖母为澹生堂后人，最重藏书，家父和叔父受其影响极深。今天从先生手上购得善本颇多，想请祖母、家父、叔父共赏，也请家祖母见一见先生。"

胡林进得如此大的厅堂，还有些紧张，只是跟着赵一清来来回回地走，但对如此书香门第，还是满心敬佩。

赵一清拿出今天得到的好书，他的祖母、父亲、叔父果然都十分高兴。

他的祖母说："胡先生，苏州素来是人文渊薮，天下珍本善本多见。以后你们古吴山房的好书，还请多带到杭州来。我们小山堂虽然鄙陋，但是愿尽绵薄之力搜访善本。"

胡林见了老夫人，也不太敢抬头，十分恭敬地说："我们掌柜的命我来杭州，是因为听说杭州藏书家雅善搜求善本，今在市上见到赵相公，果然名不虚传。以后书坊如有善本，自当亲负前来进献。"

赵一清说："胡先生，我带你去看看我家藏书吧。"

胡林说："实在打扰您太多了，您派个下人带我去便是了。"

赵一清也看出胡林有些拘谨，便说："如此也好。"便派了个下人带胡林去藏书楼看看。

胡林跟着下人到了藏书楼，见一栋楼琳琅满目，书架上整齐地摆着各类书籍，一一插着书签，十分壮观。书架前有读书的桌子，几个读书人正在认真地读书、抄写。下人向胡林介绍说："我家老爷不仅乐于藏书，还乐于将书借与读书人阅读。只要是为读书而来，我们都来者不拒，还可以在这里吃饭、住宿。"

胡林听着，不断点头，表示叹服。

胡林在春草园的客房住了一宿，得到了赵家人的款待。第二天一早起来，下人送来了早饭。早饭过后，胡林准备去找赵一清辞行，到了赵一清这里，下人说有客人来了，正在老爷书房里，少爷一起过去接待了。胡林便和下人一起到赵谷林的书房外等候。

赵氏父子两人，正和客人聊天。原来是鄞县学者全祖望来了，这人胡林也听说过，放着翰林不做，辞官回家读书了，在书业有很高的声望。

全祖望刚刚看完小山堂藏书楼，看上去感慨万分。

胡林跟下人聊起来。

下人说："全先生是老爷请来的，刚看到了两套书，《四明宝庆志》和《开庆四明续志》，是两套宋代的方志。全先生在京师做官时，这两套书被人盗走了，后来辗转卖到一个权力挺大的人手里。杭世骏先生把这事儿告诉了老爷，老爷即花兼金四十铤，将这两套书赎了回来，就藏在家中小山堂中。"

小山堂藏书印

胡林对赵家人更为敬佩了。

下人接着说："老爷还让人抄了一套副本，将副本赠与了全先生。"

过了一会儿，赵一清出来，见到了胡林，谦让胡林再住几天，胡林知道不宜再多叨扰了，便坚持告辞了。于是赵一清又派了马车，将胡林送到拱宸桥。又过了一天，胡林带着赵家以较高价格给他结清的书款，带着对杭州书香门第的景仰，随同船队，沿运河，回苏州去了。

袁子才借书碰壁，
黄允修借书显名

对于十岁的袁枚来说，今天是令人郁闷的一天，还没有人知道，今天这一点小小的挫折，会在很大程度上改变他的一生。

袁枚已经跟先生史玉瓒读书三年多了。史玉瓒对这位天资聪颖又十分刻苦的学生欣赏有加。尤其令史玉瓒欣赏的是袁枚的写作才能，那种近乎天生的文采，无论写诗还是作文，皆下笔如有神助，是别人学不来的。袁枚小小年纪，文采已经超过了比他大许多的学生。因此，除了像其他学生一样从蒙学入手，进而学习小学、经学的内容，在学有余力的情况下，史玉瓒先生还鼓励袁枚多读先贤词章。袁枚学习十分刻苦，读书如饥似渴。但是因为家庭贫困，除了省吃俭用攒下钱买点书，他读的大部分书是找人借的，遇到特别喜欢的，还抄下来。

今天发生的这件令袁枚郁闷的事就起自借书。袁枚近来迷上了杨万里的诗文，到处搜罗杨万里的书。他打听到杨万里的《诚斋集》有一个宋刻本流传下来，更令他感到高兴的是，听人说，杭州城里张员外家就藏有一套《诚斋集》的宋刻本。袁枚想找张员外借此书抄一份来读。

宋钞本《诚斋集》书影

袁枚家在葵巷，步行不久就到了张员外宅第。张员外是杭州有名的富户，家境显赫，袁枚平时并没有多少机会见到他。袁枚来到偏门，见两个老仆正坐在门房里聊天。袁枚小心翼翼地走到门房门口，拱手施礼道："见过两位先生，请问这里是张员外家吗？"两位老仆对袁枚爱答不理，抬眼皮看看他，说："你知道这是张员外家还问什么？你是什么人？来干什么？"袁枚早听说张员外聚书成癖，家中藏书巨富，他想读书人总还是欣赏读书人的。见仆人这么一问，他倒还自信："闻听张员外家藏书巨富，我想来借抄一本书。"老仆仍爱答不理，说："借书？看你这个穷酸样，也不像是会读书的样子，我们老爷的书岂是你想借就能借的？"袁枚被说得有些不知所措。但是他转念一想，家里的仆人没文化，毕竟主人是个读书人，只要跟家里主人搭上话就好办了。袁枚一再央求老仆通禀，想见见员外。

老仆禁不住袁枚的一再央求，还是进去通禀了一声。张员外听说有个孩子来找他借书，颇觉得自负，感觉自己在藏书界的名气很大了，便让老仆把袁枚领进来。

袁枚跟着老仆进来，一揖到地，给张员外行了个大礼。

张员外也不还礼，抬手示意袁枚免礼。

袁枚直奔主题："闻听他人说，您府上藏书汗牛充栋，其中藏有一部《诚斋集》，乃宋椠佳品。晚生此来，是想借此书抄写一部，还望员外赐示。"

张员外听完，面带十分复杂的微笑说："小伙子，你既知道我有一部宋刻《诚斋集》，说明你确实也读过点书。你既读过点书，就应该知道，宋刻本是多么珍贵。你知道我买这套《诚斋集》花了多少钱吗？你想都想不出来，八十多个金锭子！你一辈子也见不到这么多钱吧？"

袁枚听完这话，有些窘迫，但是对于好书的渴望，促使他再作最后的努力。他说："员外说的是，正因晚生家境贫寒，家无余财可供采买书籍，故不揣冒昧来借阅。如果员外觉得珍本秘籍，不放心让晚生带出贵府，晚生可每日自带干粮到府上来抄。"

张员外沉默不语。

袁枚见他不说话，接着说："实在不行，晚生可以向员外付一些钱，赁书而抄。"

张员外这时冷笑道："哼，出钱？你那点钱，谁稀罕？你出去告诉他们，我张某人的书，绝不借给你们这些穷酸书生。来人，送客！"

说完，就见刚才送袁枚过来的老仆，上来就拉拉扯扯地把袁枚赶了出去。

袁枚一个十岁的小孩，此时感到了极度的羞耻和沮丧。本来满心希望，没想到竟是这样一个结果，在回葵巷的路上，他几乎被气得落泪。这一整天都反复想这件事，每每想起来，都对张员外的嘴脸感到恶心。

吃完晚饭之后，袁枚早早躺到床上，但因余怒未消，迟迟睡不着。不知道躺了多久，他终于迷迷糊糊睡着了，梦到自己来到了张员外的藏书楼，看到了许多珍本善本，其中就有他想要借阅的《诚斋集》。他小心地从书架上取下书，打开函套，拿起第一册书，平铺在桌子上，刚要展卷细读，张员外突然出现在他面前，薅住他的领子把他提了起来，然后一把推出去。袁枚撞在了他后面的椅子背上，张员外拿起桌子上的书，大喊着："我张某人的书，绝不借给你们这些穷酸书生！"然后把书砸向袁枚的脸。袁枚一个激灵，从噩梦中惊醒，一身冷汗。

袁枚这时想起自己读到五代后蜀毋昭裔的故事。毋昭裔年幼时和自己一样家贫。毋昭裔也酷爱读书，他曾经找人借《文选》和《初学记》，人家面露难色，不愿借给他。于是毋昭裔就立志，将来要是发达了，要大量刻书，让天下穷人都能读上书。后来毋昭裔当到了后蜀的宰相，位极人臣，他果然刊印了大量书籍，不仅品种繁多，而且质量上乘，被读书人奉为善本，流传千古。

袁枚暗想：有朝一日我若有了钱，一定建一座藏书楼，绝不吝啬，敞开了让别人来读书。

从此之后，袁枚读书更加刻苦了。

他十二岁就考中了秀才，有趣的是，他跟他的老师史玉瓒是同科的秀才，一时间传为佳话。到十八岁时，袁枚受到浙江总督程元章的赏识，被荐入省学敷文书院学习。

没过几年，乾隆三年（1738）秋闱，二十四岁的袁枚参加浙江乡试中举。次年春闱，考中进士。殿试，乾隆皇帝点了他为二甲第五名，赐进士出身，授翰林院庶吉士。

在京为官期间，袁枚文名鹊起，越来越多的人知道了文采盖世的袁枚。

经历了十年宦海浮沉，也经历了丧父之痛，袁枚无意仕途，决定归隐。他在江宁（今南京）购置了一处宅子，取名随园。但是他并没有忘记最初立下的志向，他在随园中建起了藏书楼，并敞开大门，允许士子们前来借阅。

乾隆三十八年（1773），皇帝下诏征集遗书，纂修《四库全书》，袁枚献书数百种，这与他少年时的梦想是一脉相承的。

这天，一位名叫黄允修的书生，像其他许多书生一样来随园借书，还特意到袁枚面前表达感激之情。

袁枚说："千万不要客气，我年轻时比你们穷困潦倒多了，当时找杭州一位姓张的富户借书，被残忍拒绝了，我至今仍记得那天的情景。所以我不希望后来的年轻人经历我的尴尬，我的书你们随便借阅。"

袁枚又说："这样吧，我写一篇文章，谈谈借书的事，让天下年轻人知道，这随园的书是可以随意借阅的。"

于是，袁枚提起笔来，挥挥洒洒写就了著名的《黄生借书说》：

黄生允修借书，随园主人授以书，而告之曰：

书非借不能读也。子不闻藏书者乎？《七略》、四库，天子之书，然天子读书者有几？汗牛塞屋，富贵家之书，然富贵人读书者有几？其他祖父积子孙弃者，无论焉。非独书为然，天下物皆然。非夫人之物而强假焉，必虑人逼取，而惴惴焉摩玩之不已，曰："今日存，明日去，吾不得而见之矣。"若业为吾所有，必高束焉，庋藏焉，曰姑俟异日观云尔。

余幼好书，家贫难致。有张氏藏书甚富，往借不与，归而形诸梦。其切如是。故有所览，辄省记。通籍后，俸去书来，落落大满，素蟫灰丝，时蒙卷轴。然后叹借者之用心专，而少时之岁月为可惜也！

今黄生贫类予，其借书亦类予。惟予之公书与张氏之吝书若不相类。然则予固不幸而遇张乎？生固幸而遇予乎？知幸与不幸，则其读书也必专，而其归书也必速。为一说，使与书俱。

黄允修拿着袁枚刚写就、墨迹未干的这篇文章，仔细阅读了几遍，读着读着还默念了出来："……书非借不能读也……袁先生，您这话标新立异，实在太符合我辈实情了。"黄允修当即抄录了一份，拿回去不断传抄，使得这篇文章广为流传。

　　30 多年后，72 岁的袁枚回到故乡杭州，此时的他已经是文坛巨星，一到杭州就受到了浙江士绅的热情接待。他走访了自己参加童子试的地方，怀念起自己的族人、亲戚、老师。至于他有没有去当年拒绝借书给他的张姓富人家看看，历史上没有记载。但是，我想他一定会想起这段故事，因为这个经历，一定程度上塑成了袁枚和他的随园。

鲍廷博献书修四库，
清高宗下诏劝好古

六月，是杭州阳光最明媚的时候，也是杭州最热的时候。赵氏春草园正是花草丰茂的时节。谷林先生和意林先生都已经上了年纪，老哥俩不怎么出门了。特别是到了夏天，这多雨的杭州城倒不怎么下雨了，太阳酷烈地照射着大地，但凡有条件的人，是尽量不出门的。老哥俩时常在起居室里各坐一张摇椅，闲聊些往事。他们的起居室也摆满了书，都是他们两人常翻常看的。为了让他们感到舒适，谷林先生的儿子赵一清给他们弄了几箱冰块，放在起居室里，这就使得这个房间比其他地方凉快了许多。祖母去世以后，赵一清一如既往地淘书、藏书，悉心经营着小山堂藏书楼，淘到好书就拿来给父亲和叔父看。

春草园中的其他房间，就没有二林的起居室这么舒服了，因为冰块毕竟太贵了。赵氏的藏书楼虽然仍然对读书人开放，但是随着天气日趋炎热，来的人也少了。

这天小山堂还是来了三个人，为首的这位，是鲍家的公子，名叫鲍廷博。鲍廷博家也富于藏书，家中长期雇佣着一批佣书，专事抄书。鲍廷博今天又带了两个佣书来赵氏小山堂抄书。鲍家跟赵家是通家之好，鲍廷博

鲍廷博藏书印章

的父亲与二林相熟，鲍廷博跟赵一清也过从甚密，因为两家往来良多，所以赵家的下人跟鲍廷博也相熟。

鲍廷博跟两位佣书一落座，赵家的仆人马上献上了冰水，说："鲍公子，天气炎热，您喝杯冰水降降温。"

鲍廷博赶忙起身，抱拳表示感谢。

仆人说："我家少爷今天在家，是否需要我去通禀一下？"

鲍廷博赶忙说："不必打扰贵公子了，我今天只是来抄书。家父近来常思及歙县老家，晚年想搜集一些乡邦文献，早知府上藏歙县文献颇多，故命我前来拜读。多有打扰。"

"哎呀，鲍兄，见外见外，来了也不通禀一声，谈什么打扰不打扰的。"只见赵一清一边说着话，一边走了进来。

两人相互施礼，赵一清接着问："原以为鲍兄是杭州本地人，未承想老家在歙县，口音可完全听不出啊！"

鲍廷博说："此事说来话长。我家祖上居于歙县，没什么功名，世代开冶坊维持生计，到家父这一代，生意也寥落了。只因家母出于杭州顾氏，家父便离开歙县，到杭州来，仍然从事冶炼。杭州是个大都会，在杭州生意倒好做许多。"

赵一清这才明白："噢噢，原来令堂是杭州人，怪不得，怪不得。"

鲍廷博接着说："家父虽然是生意人，但是自幼酷爱读书，成年后做点小生意，有一点余财，便广泛搜罗善本，才有寒舍这点不成规模的收藏。"

赵一清说："兄台谦虚了，府上'知不足斋'藏书，谁人不知，哪个不晓？"

鲍廷博说："这说起来还真得感念府上恩德，寒斋藏书，除家父四处购求所得，大半从众书友处抄来，其中从贵府小山堂藏书中抄得尤多啊！"

赵一清说："唉，兄台客气啊！这插架上不也有许多珍善之本，系从府上抄来的吗？天下读书人是一家。"

二人相谈甚欢之际，两位佣书已经认真地开始了抄书工作。

一晃很多年过去了，为满足父亲的藏书和读书癖好而购书、抄书的少年鲍廷博，也成了声名卓著的版本学家，很多读书人、藏书家和书估来请鲍廷博帮忙"掌眼"。"掌眼"是书业的行话，其实就是鉴定真伪的意思。

鲍廷博不仅见多识广，而且博闻强记。他往往能记住看过的书中哪页有个什么差错，这是他鉴定版本能超越他人的一大法宝。每当读书人、藏书家、书估拿来一套书请他鉴定，他还没把书翻开，看看书口，就能看出这是谁谁谁刻的，在哪页哪处有错字。对方打开书一看，往往跟他说的完全一样。

乾隆三十七年（1772）正月初六，向天下征集遗书的诏书下到了各省总督、巡抚、学政处。征集遗书的诏书开始没有得到各地官员的重视，到了这年十一月，乾隆命翰林院发下第二道诏书，责成各地官员尽快办理。乾隆皇帝对浙江献书寄予了厚望。

浙江巡抚熊学鹏和其他各省的官员一样，这才立即重视起来，会同浙江学政王杰商议进献购访遗书目录的事。王杰当即组织浙江省内各大藏书家齐聚学政衙署，共商此事。熊学鹏则先给皇帝上折子，说正月接到圣旨时，前一任浙江巡抚富勒浑已经布局好了，准备开局办理此事，但是还没开局，富勒浑就升迁为湖广总督了。还说自上任以来，一直努力将此事作为头等大事抓紧抓好。

奏折一开始，自然先对乾隆"稽古右文"的盛举进行一番赞誉："钦惟我皇上圣治光昭，文教覃被，几余典学，日新又新，固已聿臻美备，犹复购访遗书，采及儒林著述，以广天禄石渠之储，以隆稽古右文之盛，洵属煌煌巨典。"进入正题后，熊学鹏开始说自己如何尽心办理此事：

> 臣到任后开局，复又通饬所属，上紧逐细搜访。兹据各属禀报，购得遗书，次第送局，有系刊本者，有系抄本者。除琐碎无当之书，遵旨毋庸采取外，谨将选取在局书五十六种，叙列目录，开注某朝某人所著，书中要指，分别刊本、抄本，缮写清单进呈，恭候御览甄择。

他对没有主动进呈目录做了一个说明，说工作一直在按部就班地办，只等圣旨到了，按圣旨要求把刻本购买过来，抄本则安排敷文书院的学生抄写，一并进呈。

> 候谕旨到日，钦遵将敕取各书。查原系刊本者，量给价值；原系抄本者，于敷文书院诸生内拣选善书者数名，誊写端楷恭进，仍将原本给还本家，听其收藏。

他还表达了一些自认为皇上没想到的，即浙江是全国刻书和藏书的中心，一方面会比其他省更认真地搜访遗书，另一方面也请皇上体谅浙江工作的难度。

> 惟是浙江为书肆最多之区，恐尚有藏书者，未必尽皆购出。臣现又檄饬各属，再加访购，善为办理，容俟各属覆齐，另行奏闻。

鲍廷博自然在受邀议事的藏书家之列。从学政衙门回来，鲍廷博马上找来了自己的儿子鲍士恭。

鲍廷博说："学政大人叫我去，是接了一道圣旨，皇上要各地进献宫中没有的书。"

鲍士恭说："当今皇上想法极多，征书一事好像数年前就提过，也没执行，当不得真吧？"

鲍廷博说："不然。这次皇上于今年正月初四即下诏征书。各地没什么反应，如今又下了一道圣旨，应该是要动真格的了。皇上这次广征天下遗书，看来是要做一番事业。我们向来孜孜以求的，是令手中的善本化身千万，以惠天下读书人。这件事如果由皇上来直接推动，其影响不知要大多少倍。"

鲍士恭说："确实如此。"

鲍廷博接着说："你赶紧去把我们家的藏书目录拿出来，把目录增补完善一下，然后把其中值得献出来的书，列一个目录。过段时间交给学政大人。"

鲍士恭就按父亲的要求，操办起了自己家进献书籍的目录。

没过几天，鲍士恭拿了一个厚厚的账本来给父亲过目："这是齐全的藏书目录，我录了一个副本，我把其中可以进献的勾了出来，总共六百二十六种。"

鲍廷博接过账册，逐页翻过去，不断点头。翻完全册，鲍廷博说："好，挺好。你马上命人将这六百多种单录一册出来。我明天就去面见学政大人，把这个目录交上去。你与我同去，以后进呈书籍一事，就由你和学政大人接洽。"

鲍士恭有些不解："父亲，递交一个目录的事，您带个下人去就行了，为何还要两人同去？"

鲍廷博说："这你就不懂了。我们家虽然算得上富裕，但还是布衣之家，不能为官为宦，我们有什么机会千载留名？这正是一个难得的机会。我已经年近半百了，这个名留不留也无所谓，你还年轻，要抓住这个机会。"

第二天，鲍廷博拿着一册抄好的进呈书单，来到学政衙门，请下人通禀。

浙江学政王杰在后堂会见了鲍士恭，看到这册目录，王杰喜出望外。翰林院催逼得紧，有了这么厚一册目录，再随便加点什么，就足够应付第一次搜访目录了。

浙江编制搜采遗书目录的过程中，巡抚又换人了。直到半年以后，新上任的巡抚三宝，会同学政，才将浙江采进遗书目录进呈御览。

三宝在奏折中罗列了献书较多的几家，鲍家居其首。向皇帝的上表也是以鲍士恭家为代表：

> 兹据鲍士恭、吴玉墀、汪启淑、孙仰曾、汪汝瑮等呈称：士恭等生逢盛世，家守遗经，恭蒙我皇上稽古右文，特下求书之令，恩纶涣布，艺苑腾欢。窃愿以私筐所藏，上充秘府，芹曝之献，实出至诚。谨将书目开呈，伏祈恭进等情前来。臣察其情词，甚为恳切。随将书目饬发局员，逐一查阅。除寻常习见及互有重复各书不列外，计鲍士恭家有六百二十六种，吴玉墀家有三百五种，汪启淑家有五百二十四种，孙仰曾家有二百三十一种，汪汝瑮家有二百十九种，共一千九百零五种，分缮清单，恭呈御览。内有曝书亭、小山堂及此外收藏家旧本，均于单内分别注明。再，各家书籍，如本家原有副本，或此有彼无，五家可以通融互钞者，均愿将原书进呈，毋庸再为钞誊。其一家所藏未经习见者，现在分手录写存留，本家亦愿将原书恭进。庶办理既得迅速，而善本仍可流布人间，仰副皇上念典勤求、体恤下情之至意。

> ……

> 所有鲍士恭等呈献遗书缘由，理合据情恭折奏闻，伏乞皇上睿鉴训示。谨奏。

乾隆三十九年（1774）五月底，天降微雨，浙江巡抚三宝一大早就乘着轿子来到鲍廷博家。半个月前，巡抚衙门即派人通知鲍家，皇上下了圣旨，赏下一部《古今图书集成》，巡抚大人已奉命领回，着鲍家专辟一块区域，恭请御赐图书。鲍廷博当然十分重视，命下人将家中藏书楼的中厅做了重新装潢，厅中不再放置其他书，专门供奉这套御赐的图书。

这天，派到京中武英殿领取御赐图书的车队午时将到，三宝亲自到鲍家来，参加入藏仪式。

鲍廷博带着儿子鲍士恭站在门口，家人给他们撑着伞，在微雨中等候三宝。家中没出五服的子弟能过来的也都过来了，着装整洁，在内厅等候御赐图书。

见三宝的轿子过来，鲍氏父子将三宝让进正堂，鲍廷博命下人上茶。

落座以后，三宝跟父子俩闲聊起来。三宝说："此次献书，皇上龙颜大悦，几次下旨嘉奖。皇上有旨，你们献上去的书，等宫中用毕，还要原样发还给你们。"

鲍廷博抱拳北面，口称"谢主隆恩"。

三宝接着说："这次御赐的《古今图书集成》，总共是十一套书，其中七套是放到各处行宫的，有四套是奖励献书超过 500 种的家族。皇上命各省督抚到武英殿去领取。本官派人去，一下领了四套。"

三宝说着，得意之情溢于言表："献书超过 500 种的，除贵府外，还有宁波范懋柱家、杭州汪启淑家、扬州马裕家，所以四套之中三套在浙江。另圣因寺行宫依例要放一套，也在此次领取之列。"

鲍廷博和鲍士恭陪三宝这样聊着，不时回答一些问题。

约略午前时分，外面差人来报，车队到了。

鲍廷博请三宝到藏书楼正厅，鲍氏族人已经在厅中列立等候。下人很快按分架图将一套《古今图书集成》装上书架。整个厅堂瞬间从空旷变得充实了，书卷气浸润着每一个人。按照仪式的流程，三宝首先宣读圣旨：

> 国家当文治修明之会，所有古今载籍，宜及时搜罗大备，以充策府而裨艺林。因降旨命各督抚加意采访，汇上于朝。旋据各省陆续奏送，而江浙两省藏书家呈献者，种数尤多，廷臣中亦有纷纷奏进者。

......

三宝继续宣读，进而具体地提到了献书最多的四家：

> 今阅进到各家书目，其最多者，如浙江之鲍士恭、范懋柱、汪启淑，两淮之马裕四家，为数至五六七百种，皆其累世弆藏，子孙克守其业，甚可嘉尚。因思内府所有《古今图书集成》，为书城巨观，人间罕觏，此等世守陈编之家，宜俾尊藏勿失，以永留贻。鲍士恭、范懋柱、汪启淑、马裕四家，着赏《古今图书集成》各一部，以为好古之劝。又进书一百种以上之江苏周厚堉、蒋曾莹，浙江吴玉墀、孙仰曾、汪汝瑮，及朝绅中黄登贤、纪昀、励守谦、汪如藻等，亦俱藏书旧家，并着每人赏给内府初印之《佩文韵府》各一部，俾亦珍为世宝，以示嘉奖。

> 以上应赏之书，其外省各家，着该督抚盐政派员

赴武英殿领回分给；其在京各员，即令其亲赴武英殿
祗领。仍将此通谕知之。钦此。

此后，三宝作为浙江巡抚，说了一些劝勉读书、藏
书的话。鲍廷博和鲍士恭父子感谢了浩荡皇恩，感谢了
三宝巡抚，告诉族人这是家族盛事。

仪式结束之后，三宝就辞行了。

鲍廷博将鲍士恭和族中几个子侄叫来，讲了他的一
个重要设想。

他说："我有一个设想。我们族都是布衣，没有做官
的，好在天下升平，经商积累了一点财富。然而能留名
青史，却仰赖这次献书和赐书。皇上纂修《四库全书》
是为了便于天下士子读书。我们还是可以在这方面做些
事，以我们家中所藏善本为底本，刊印书籍，广为流传。"

鲍廷博刊青柯亭本《聊斋志异》

鲍士恭说:"父亲说的有道理,我们先前也刻过一些书,谈不上多,多是世间稀见之书。几年前我们刊印了青柯亭本《聊斋志异》,已使此书广为流传。如今以此法印一些正经正史,庶能有裨学林。"

于是,鲍氏知不足斋从这天起开启了不朽的刻书事业,刻成了著名的《知不足斋丛书》。

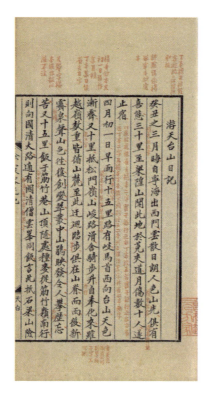

清鲍氏知不足斋抄本《徐霞客游记》

第三章

文澜阁故事

乾隆爷下诏访遗书，
朱学政上书启四库

　　文澜阁《四库全书》的故事，开始于240多年前。《四库全书》的诞生跟一个萧山人关系密切。乾隆三十七年（1772），浙江萧山（今浙江杭州市萧山区）人朱筠正担任安徽学政一职，跟其他官员一样，安徽学政衙署内有许多来自全国各地的幕僚。浙江上虞章学诚是安徽学政幕僚中的一位，他因家境贫寒，又屡试不第，日子过得非常失意。好在目下安徽学政朱筠是他的同乡（当时萧山与上虞同属绍兴府）。朱筠出于同乡之谊，加之本身又是大学问家，能识章学诚之才华，便将其收至麾下，为自己出谋划策。章学诚因而十分感激，时常将自己的所见所思汇报给朱筠。

　　乾隆三十七年（1772）正月初四，按中国的传统，没出十五就是年，举国百姓还沉浸在浓厚的节日气氛中。各省的官员其实都放假了，没有急事要事，衙门并不开门。安徽学政府的幕僚们也大多在走亲访友，享受一年中难得的消闲时光。他们都没有料到，一条乾隆皇帝的谕旨这天从内阁转出，正马不停蹄地赶来。这条上谕将改变中国文化史。

　　几天之后，安徽巡抚裴宗锡收到了京城送来的文书，裴宗锡一面安排款待京城来的上差，一面差人将上谕转给安徽学政朱筠。朱筠收到这条上谕，隐约觉得皇上在这个时间点就急于发这么一道诏令，事情似乎十分重要，便召集幕僚同来参看。

上谕先说了乾隆如何如何重视文化，继位以来在文治方面做了哪些事：

> 朕稽古右文，聿资治理，几余典学，日有孜孜……

> 是以御极之初，即诏中外搜访遗书，并命儒臣校勘十三经、二十一史，遍布黉宫，嘉惠后学。复开馆纂修纲目三编、通鉴辑览及三通诸书，凡艺林承学之士所当户诵家弦者，即已荟萃略备。

清雍正内府铜活字刊本《古今图书集成》书影

进入正题以后，他开始阐述发这道奏折要解决的问题，即希望天下读书人读书要有要领，要得善本。而康熙年间修成的《古今图书集成》虽然非常实用，收录的东西也多，但是《古今图书集成》属于类书，从各种图书中摘抄片段，重新编排，未免将古籍割裂，读书人无法一览全书。

现在天下善本古籍，有的藏在内府，有的为私人收藏，秘不示人，读书人很难读到。

接着，他提出了他思考到的解决这问题的办法，内阁拟的圣旨中的这段话其实非常重要，当时的很多官员并未以为意，现在回看，实际是纂修《四库全书》的总体构思和选书宗旨：

正宜及时采集汇送京师，以彰千古同文之盛。其令直省督抚会同学政等，通饬所属加意购访。除坊肆所售举业时文及民间无用之族谱、尺牍、屏幛、寿言等类，又其人本无实学，不过嫁名驰骛，编刻酬唱诗文，琐碎无当者，均无庸采取外。其历代流传旧书，内有阐明性学治法，关系世道人心者，自当首先购觅。至若发挥传注，考核典章，旁暨九流百家之言，有俾实用者，亦应备为甄择。又如历代名人洎本朝士林宿望，向有诗文专集，及近时沉潜经史，原本风雅。如顾栋高、陈祖范、任启运、沈德潜辈，亦各著成编，并非剿说卮言可比，均应概行查明。在坊肆者或量为给价，家藏者或官为装印，其有未经镌刊，只系抄本存留者，不妨缮录副本，仍将原书给还。并严饬所属，一切善为经理，毋使吏胥借端滋扰。但各省搜辑之书卷帙必多，若不加之鉴别，悉令呈送，烦复皆所不免，着该督抚等先将各书叙列目录，注系某朝某人所著，书中要旨何在，简明开载，具折奏闻，候汇齐后令廷臣检核有堪备阅者，再开单行知取进。庶几副在石渠，用储乙览。从此四库、《七略》益昭美备，称朕意焉。钦此！

以文治武功为人生目标的乾隆皇帝，非常想在文化上搞一个大工程，这时下了这样一道圣旨，征集天下书籍。

内阁转达皇上的意见，说了很多，其实归结起来只是命令各省督抚等官员搜罗各地见存典籍，选择其中的精品进呈御览。

上头关于文化和教育的折子，发到学政这里，由主事之人分门别类地进行整理，一一汇报给学政，需要研讨的，学政再召集相应的人来商议，这本是学政工作的日常状态。有所不同的是，这天所有大小官员和幕僚都还沉浸在节日的慵懒状态中，对工作并无太大热情。

安徽学政的幕僚们聚集起来，互道吉祥。有些还一身酒气，大家一看这诏书，让各地搜采书籍进呈京师，其中一位可能酒喝得不少，指着诏书说："看看看，咱这位好玩的天子乾隆爷，想在全天下树立'稽古右文'人设的皇帝，又想找什么古书解解闷了，哈哈哈……"众人哄堂一笑，并没议论出个什么。

其他各省的督抚、学政也是这样揣摩上意，亦未特别重视。事情一拖，十个月就过去了。这天，乾隆像往常一样，批阅各省送来的奏折。忽看到贵州送来的一个奏折，心中一动。展开看时，不禁龙颜一震。原来贵州巡抚觉罗图思德上折子说的正是采进遗书的事，但是折子里说，贵州没有书籍可供采择。乾隆当时十分不悦，心想朕交代下去的事各省都没放在心上，就一个上了折子的还说无书可进。内心燃起的愤怒像火焰一样要喷到折子上，但是乾隆皇帝毕竟是乾隆皇帝，他马上想通了：一方面耽延此事并不是贵州一省所为，贵州好歹还上一个折子说没有；另一方面，贵州在西南边陲，文化相对落后，说没有可能也是实情。他便压制了满腔怒火，批了个"览"字。

贵州这个省在整个《四库全书》纂修中扮演了一个非常有趣的角色，其他省都没动静的时候，贵州上书说无书可进。皇帝下第二道诏令催促，各省纷纷动员起来时，贵州上了第二道奏折，还是无书可进。又过了半年多，贵州上了第三道奏折，还是无书可进。到了乾隆四十七年（1782），风向一转开始查访禁书的时候，贵州却第一个查缴禁书押解进京销毁。当然，这是题外话，暂且不表。

乾隆皇帝看了贵州巡抚的奏折，想起了搜采遗书的事，喊了一声："来人！"

听候使唤的小宦官赶忙回了一声："奴才在。"

乾隆说："宣刘统勋到南书房来！"

宦官说："喳！"

此时正在军机处商议其他一应杂务的刘统勋，听说皇帝召见，急忙赶来，行叩跪大礼，低眉垂首："参见皇上。"

乾隆说："刘爱卿，年初命内阁下书各省，搜采遗书进呈编目一事，进展如何？"

刘统勋如实回答："启奏皇上，各省均无消息。"

乾隆说："朕交代下去的事，各省竟如此拖延，岂有此理！再传朕旨，命各省速将查访近况先行呈送。"

刘统勋连道"遵旨"，退了出来，随即赶往内阁办事机构，命手下再拟诏书。

几天后，各省收到了内阁发来的第二道上谕，这道上谕措辞十分强硬，除再次申说皇上对文化事业的重视及清朝立国以来在文化上的功勋之外，对各地方大员的怠慢态度予以斥责：已经下旨明确指示如何办理，这都快一年了，还一个进呈目录的人都没有，你们也太不拿朕的旨意当回事儿了！要说那些偏僻的省份，搜访困难，一时难以上缴，也就罢了。靠近京城的北方五省，还有江浙两省，你们也不及时上缴书目，你们还能找出什么借口？

接着命令：

> 各督抚等其即恪遵前旨，饬催所属，速行设法访求，无论刊本、钞本，一一汇收备采，俟卷帙所积稍充，即开具目录，附折奏明，听候甄择移取。仍将现在作何办定章程及有无购得若干部之处，先行据实奏覆。将此于奏事之便，通谕督抚学政知之。钦此。遵旨寄信前来。

各省督抚都在官场上混迹多年，知道皇上连下两道圣旨，说明他对此事极为重视。朱筠又召集幕僚，商议此事。这时，章学诚说："朱大人，皇上两下诏令，此事非同小可。当今皇上想建立千古未有的文化基业，但是目前还没有明确的思路，只是征集天下遗书，试图做一个古籍普查。我认为有一个工作可以入手。明代永乐年间修的《永乐大典》，是有史以来最大的类书，汇集了很多前代的重要典籍，对内容依韵进行编排。此书在明代抄了两部，其中一部不知去向，还有一部就在宫中。几百年过去了，现在很多典籍已经失传了，有些典籍虽然还在流传，但是版本已经发生了变化。大人您在按要求提交搜采目录的同时，可以向皇上进言，从《永乐大典》里把已经失传的书辑出来，使其重见天日，这也是功德无量的。于公于私，于仕于学，都是好事。"

朱筠听后，觉得这个主意非常有建设性，便赶忙赶到巡抚衙门与裴宗锡商议此事。裴宗锡见朱筠来，说道："朱大人，我正要找你商议采进遗书的事。"

朱筠说："下官正为此事而来。"

明嘉靖隆庆间内府重写本
《永乐大典》书影

裴宗锡说："皇上再下诏书，催促采进遗书，此事恐不能再耽搁了。朱大人有什么对策吗？"

朱筠说："裴大人，本省藏书家、文章家，学政衙署本就有本账，本省文献原先也有目录，目下只需要做做修改和汇总，有个把月便能完成，此事应该问题不大。我带来了一些资料，我们分头在这基础上做一个加工，各自拟个目录进呈，短期内可以交差。"

裴宗锡说："如此甚好，有劳朱大人。"

朱筠接着说："另外，学政衙署的章学诚提出一个想法。当今皇上想建立千古未有的文化基业，但是目前还没有明确的思路，只是征集天下遗书，试图做一个古籍普查。明代永乐年间修的《永乐大典》，是有史以来最大的类书，汇集了很多前代的重要典籍，对内容依韵进行编排。此书明代抄了两部，其中一部不知去向，还有一部就在宫中。几百年过去了，现在很多典籍已经失传了，有些典籍虽然还在流传，但是版本已经发生了变化。他建议给皇上上奏折，请皇上差人校核《永乐大典》。"

裴宗锡也觉得这个主意不错，能够引起皇上重视。

裴宗锡说："这样吧，你我各自上一奏折，进呈搜访目录。朱大人你再单独上一个折子，提校核《永乐大典》的事。"

两人一拍即合。

不到一个月时间，到乾隆三十七年（1772）十一月底，安徽形成了一个搜访遗书的初稿。安徽巡抚和学政商议好各自上书汇报搜访遗书的工作，朱筠便请章学诚牵头写了两个折子。一个折子按上头要求，汇报了购访遗书的情形；另一个折子陈述了关于购访遗书和校核《永乐大典》的意见。

安徽学政朱筠陈购访遗书情形折，朱筠先说了读到乾隆下的第二道上谕的感慨：

> 臣跪读之下，仰见我皇上念典稽古之至意。

接着说自己一直没敢怠慢，正在努力按圣旨搜访遗书，并谈了很多自己搜访遗书的具体案例。其实这些案例，对于一个学政和他的幕僚团队来说，还是信手拈来的。

> 臣职忝文学，自去冬抵任以来，即准部札，接奉前旨，留心购访，及臣按试各属，一县一州随处咨询，并饬学官诸生，各举闻见所及，无论刊本、抄本，取送校阅。其陆续赍到及访闻现有其书可采录者，若安庆则有方以智《通雅》、方中德《古事比》……

而关于购访遗书及校核《永乐大典》的折子，其实更为重要。朱筠的这道折子主要分四条，其实提了六项建议：

一是关于应当紧急购置哪些书，他认为应该购置汉唐以来稀见钞本、辽宋金元以来传刻渐少的稀见刻本，以及子部、史部散见著述的精华。

二是借来的书，抄完之后发还本家。

三是建议开图谱一门收录金石拓片，各地金石碑刻都应以拓片进呈。

四是先对外公布宫中藏书目录，宫中有的，各地就不必再进呈了，只寻访宫中未藏之书。

五是建议从《永乐大典》中辑书。

六是在现有皇家校书机构基础上，设立专馆，对采进的书籍进行校勘，为采集的图书编制提要，置于卷首。

第二道上谕发出后，各省督抚跟安徽一样，马上嗅到了事情的重要性，很快纠集力量，赶制了访书目录的初稿。折子纷纷快马加鞭递到了京城。乾隆一一看了各地送来的折子，单独拿出朱筠的两道奏折，跟大臣们讨论，尤其是朱筠折子里提到的校核《永乐大典》的建议，让大家商量一下这事可行不可行。

军机首辅兼东阁大学士刘统勋起初不同意为修书劳民伤财，他说："命各地采进遗书，大内设馆编一个目录，这事儿还不算困难。从《永乐大典》往外辑书这事儿跟国计民生关系不大，《永乐大典》卷帙浩繁，得常设个专门机构做这件事，看样子钱也少不了，是不是先缓缓再议？"

皇帝沉吟不语。

户部尚书于敏中则力主修书，并且摸准了乾隆此时的心态，说："我朝经过几代圣明天子的励精图治，已经积累了很强的国力，当今皇上稽古右文，素来以文治天下。安徽学政朱筠这个建议，顺应天下大势，十分可行。如今国泰民安，府库充盈，自古盛世修书，微臣以为安徽学政朱筠的建议正当其时。"

乾隆听后点了点头，说道："于爱卿说得有道理，朕也觉得朱筠提的建议可行性很强。《永乐大典》就藏在宫中，虽然是前朝所修，难免有些局限性，但是鸿篇巨制之中多少还会有些有价值的东西，不能一概否定，让天下更多的读书人能够读到其中已经失传的典籍，也能显示我朝仁厚。"

乾隆这么一说，在场的大臣就知道，皇上给这事定调了。既然皇上下决心要办此事，便不再有人提反对意见了。

乾隆见不再有人提出异议，接着对刘统勋说："刘爱卿，责令各地采进遗书一事，你还要加紧督促。另外，朱筠折子里关于搜访遗书的具体建议，关于校核《永乐大典》一事，还需你内阁组织人手进行论证，尽快给朱筠一个回复。特别要对《永乐大典》的状况做个调查，拟定一个方案。你抓紧去办吧。"

可见朱筠的奏折一定程度上点醒了乾隆，所以乾隆非常重视这道奏折。

刘统勋很快组织内阁僚属对《永乐大典》进行了调查。没过几天，负责此事的内阁官吏前来汇报。

刘统勋说："调查结果如何？"

一个官吏拿着本子回答："回大人，初步调查清楚了。《永乐大典》是前明永乐年间抄成的一部巨大的类书，22900 多卷，抄成 11095 册。到前明嘉靖时，嘉靖帝又组织抄了一部。至我朝初年，其中一部已经不知去向，宫中仅见一部。前明时是书藏于皇史宬，顺治爷命人移置翰林院典籍库，今书仍在翰林院典籍库中。下官近日入库翻检，拣得目录 60 册，全书还剩 9000 余册。已有

2000 余册不知去向。"

刘统勋说:"好,情况基本还算清楚,你尽快拟个折子,我去禀报皇上。"

乾隆三十八年(1773)初春,天气渐渐转暖,人的心气也像天气一样,舒松开朗起来。这个正月,刘统勋没得闲,为采进遗书和校核《永乐大典》的事做了充分的准备工作,以期帮助皇帝进行决策。二月初六,他给皇帝上了一道很长的奏折,按皇上的授意,逐条回应朱筠的意见。

大学士臣刘统勋等谨奏,为遵旨议奏事。

安徽学政朱筠条奏采访遗书事宜一折,乾隆三十七年十二月十一日奉朱批:原议大臣议奏。钦此。臣等谨按所奏各条,公同酌议,开列于后:

一、据称:汉唐遗书存者希矣,而辽、宋、金、元之经注文集,藏书之家尚多有之,顾现无新刻,流布尔日少。其它九流百家,子余史别,往往卷帙不过一二卷,而其书最精,宜首先购取,官抄其副,给还原书,用广前史艺文之阙等语。查古今书籍,其梓印行世者,固足广资传播,而名山著述,或因未经剞劂,抄帙仅存,亦可备储藏而供研讨。伏读原奉上谕:在坊肆者量为给价,家藏者官为装印,其有未经镌刻,只系抄本存留,不妨缮录副本,仍将原书给还。钦此。钦遵。通行在案。是抄本一项,原应与刻本一体搜罗,圣训煌煌,自无不恪遵办理。现在各该督抚等奏到书单内,于抄本书籍,亦系兼为甄录。果能实力从事,妥协访求,将来裒集日多,则所称辽、宋、金、元之经注文集及九流百家、子余史别等部,自当并归收录,不致有虞挂漏。至官其副给还原书之处，久经钦奉谕旨，遵照办理，不必另定章程。应将该学政所奏之处，毋庸再议。

通过这一条，可见刘统勋他们的意思是：朱筠说汉唐之际留存下来的典籍已经非常少了，而辽、宋、金、元的经注、文集，在民间藏书家手中还藏有不少，只是新近刊刻的比较少，流传日渐减少了。而至于诸子百家的书，主要是子部书，往往卷帙比较小，一种不过一两卷，但是有些书刊印精美、质量上乘，应该优先购买，朝廷进行抄录，然后把书还给主人，这样可以对正经正史有所补益。这些话有一定道理，皇上已经说了，书肆上销售的书，议价购买，家里藏板子的，官方出资印刷装订，遇到抄本，则抄写一份，将原书发还。至于朱筠所说的宋、辽、金、元的正经、文集，也不能忽视，遇到好的，还是应该收录。

一、据称：宋臣郑樵以前代著录陋阙，特作图谱、金石二略，以补其失。欧阳修、赵明诚则录金石，聂崇义、吕大临则录图谱，并为考古者所依据。请于收书之外，兼收图谱一门，而直者（省）所在现存钟铭碑刻，悉宜拓取汇送等语。查自古左图右史，经纬相资，原可互为订证，其金石文字，垂世最久，尤可藉以考古而不失其真。惟阮孝绪作《七录》，始不专列图谱一门，而马氏《经籍考》，于诸经部内无不咸归甄录，自不便因其与诸书体制稍殊，竟致听其沦轶。应如该学政所奏，令各该省于收书之外，凡有绘写制度名物，如聂崇义《三礼图》之类，均系图谱专家，宜并为采辑。其有将古今金石源流衷叙成书，如欧阳修、赵明诚所著者，亦宜一体汇采。仍开入书目，先行奏明，以便甄择取进。至古来金石刻文，现经流传可考者固多，其有僻在山林荒寂之所，一时难以搜寻者，若必

风起文澜

HANG ZHOU

令官为拓取，恐地方有司办理不善，转滋纷扰。所有该学政请将钟铭碑刻悉宜拓取汇送之处，应毋庸议。

这一条中，朱筠提出两个工作，都是关于重视金石学和谱录学的。朱筠建议在专列金石学、谱录学，刘统勋等阁臣都表示赞同。朱筠还提出，将天下石碑的碑文全都拓来，编入《四库全书》，这一点皇上没有采纳，因为觉得兴师动众，过于扰民。

一、据称：汉臣刘向校书之例，外书可以广中书，中书亦用以校外书。请先定中书目录，宣示外廷，然后令各举所未备以献，则藏弆日广等语。查汉代藏书，有中禁、外台之别，又有太常、太史、中秘之分，品目本自纷歧，是以彼此必须互为校定。至我国家稽古右文，表章经籍，凡十三经、二十二史、三通等部，可以嘉惠艺林者，俱久经厘订，颁行中外，无不周知，毋庸另为宣示。至现今采访遗书，业经奉旨，令各督抚等先行叙列目录奏闻，俟汇齐后，令臣等详加检核，再行开单行知取进。知（如）其中查内府现有之书，臣等即可声明扣除，不必列单移取。是该学政所奏先定书目宣示之处，毋庸再行置议。

这一条是针对朱筠提出请内阁先拟一个目录，颁行天下，各省根据目录去搜采目录上没有的书。阁臣则认为，汉代刘向那个时候，有中书、外书的区别，地方上并不知道中书有哪些书。而国朝朝廷所刻诸书，都颁行天下，各省都知道宫中藏有什么书，所以不必再拟目录。各省先搜采图书、进呈目录，内阁根据各地进呈目录，删除重复者即可。

再，该学政又称：前明《永乐大典》，其书虽少次伦，然古书之全者具在，请择取其中若干部，分别缮写，各自为书，以备著录等语。查《永乐大典》一书，系明永乐初年所辑，凡二万二千九百余卷，共一万一千九十五册，最称浩博。旧存皇史宬，复经移置翰林院典籍库。扃贮既久，卷册又多，即官隶翰林者，不得遍行检阅。今该学政所奏，亦只系约略大凡，于原书未能悉其梗概。臣等因派员前往库内逐一检查，据称：此书移贮之初，本多缺失，现存在库者，共九千余本，较原目数已悬殊。复令将原书目录六十本取出，逐细阅看，其书大指，系用韵以统字，用字以统事，将平、上、去、入韵字为纲，依次编序。凡经史子集等部，或依音，或从其类，随字收载，多系割裂琐碎。但查原书，采取各种，为数甚夥。其中凡现在流传已少，不恒经见之书，于各卷中互相检勘，有足裨补缺遗、津逮后学者，亦间有之。若一概捆为陈册，不为分别检查，殊非采购遗书本义。惟是卷帙繁多，所载书籍又多散列各韵之中，非一时所能核定。相应奏明，容臣等就各馆修书翰林等官内，酌量分派数员，令其陆续前往，将此书内逐一详查。其中如有现在实无传本，而各门凑合尚可集成全书者，通行摘出书名，开列清单，恭呈御览，伏请训示遵行。

这一条可以说是朱筠奏折中最有价值的一条，就是采纳了章学诚的建议，奏请从《永乐大典》辑书。因为《永乐大典》是明代修的书，所以清代的阁臣不能过于称道此书，但是又必须肯定此书的学术价值。所以就说，这书是前朝修的，乱七八糟，但是又不是完全没有价值，是值得进行整理的。但是目前书存在库房里，还不知道什么状况，臣等需要一点时间去进行勘察。

一、据称：前代校书之官，如刘向、刘知幾、曾巩等，并着专门之业。列代若《七略》《集贤书目》《崇文总目》，其书具有师法，请诏下儒臣分任校书之选，每一书上必校其得失，撮举大旨，叙于本书卷首。伏查武英殿原设总裁、纂修、校对诸员，即择其尤专长者，俾充斯选等语。查古人校定书籍，必缀以篇题，诠释大意。《汉书·艺文志》所称"条其篇目，撮其指意"者，所以伦次得失，使读者一览了然，实为校雠良法。但现今书籍，较之古昔日更繁多，况经钦奉明诏，访求著录者，自必更为精博。若如该学政所奏，每一书上必撮举大旨，叙于卷首，恐群书浩如渊海，难以一一概加题识。查宋王尧臣等《崇文总目》、晁公武《读书志》，皆就所有之书，编次目录，另为一部，体裁最为简当，应即仿其例。俟各省所采书籍全行进呈时，请敕令廷臣详细校定，依经、史、子、集四部名目，分类汇列，另编目录一书，具载部分卷数，撰人姓名，垂示永久，用昭策府大成，自轶唐宋而更上矣。

乾隆专门就此事召刘统勋进殿商议，乾隆说："刘爱卿，你们折子写了那么多，十分专业，你简单归结起来跟朕说说。"

刘统勋说："回禀皇上，依微臣的末见，归结起来有五项：

"一是关于搜求汉唐以来善本及抄录以后发还的建议，皇上本来就是这样要求的，自当照办。

"二是关于金石、碑刻、图谱，历代之谱录图书、研究金石之著作，皆应收入，至于各地金石碑刻，很多拓取不便，如果要求地方上去拓，必然造成纷扰，这个就暂不考虑了。

"三是关于先公布宫中藏书目录的建议，处理办法是宫中不先公布目录，各地先进呈书目，中枢汇总之后，廷臣会将宫中已有书目剔除。

"四是关于校核《永乐大典》的建议可取，但是《永乐大典》的情况比较复杂，也不是所有的内容都有价值，需要派专人进行调查，将《永乐大典》所收书中现在没有传本的开列一个书单，再按照书单从《永乐大典》中辑书。

"五是关于为所采典籍编制提要的建议有可取之处，但是每书都撮举大旨，置于卷首，工作量太大。处理办法是等各省所采书籍全部进呈时，命廷臣校订，按经、史、子、集四部分类，另编目录一书，记录卷数、作者等。"

乾隆连连点头："考虑相当周全，就依内阁意见办吧。"随即批复"一依内阁意见"，转发安徽。

刘统勋则开始整合内阁、武英殿等处的人力物力，处理各地进呈的搜访目录，摸排整理《永乐大典》。由于在计划外增加了校核《永乐大典》的工作，工作量骤然增大，人员调拨范围较大，涉及经费开支等问题，同时涉及与各省及京中各衙门的联络和协调工作。所以乾隆特下一道诏书，命兼任东阁大学士的刘统勋以军机大臣的身份出任总裁官，主理《永乐大典》的校核工作，等各省目录进呈完毕，接着主理目录和提要的编制工作。这样这项工作就有了很高的人员配置，并得以组建专门的办事机构。

关于乾隆时期的中央机构，这里不得不多说几句。此事虽同样是刘统勋统筹，但是以内阁大学士的身份出面和以军机大臣的身份出面是十分不同的，体现的皇帝对此事的重视程度也是不同的。自顺治入关后，清代名义上承袭明制，采用内阁制度，实际自顺治一朝至康熙前期，因为复杂的中央权力斗争，内阁制度一直没有稳定下来。直至康熙九年（1670），内阁制度才真正在中央权力运转中发挥作用，内阁学士才更像一朝宰相，起到首辅作用，同时在大政方针的制定等方面，对皇权起到一定的制约作用。到了雍正时期，雍正皇帝不满于这种对皇权的制约，设立了军机处，削弱内阁的权力。军机处起初品阶较低，直接对皇帝负责，实际削弱了对皇权的制约，加重了皇权。到乾隆时，内阁稳定为三殿三阁，即保和殿、武英殿、文华殿、东阁、文渊阁、体仁阁。每阁设大学士一人，协办大学士一人，其他人员多人。所以内阁大学士也常称为"殿阁大学士"。此时清代独特的军机处制度和内阁制度已经趋于稳定，内阁沦为处理中央各类文书的秘书机构，只负责日常普通文书的撰写、刊布和保存，军政要事的决策、传达，重要诏令的起草全由军机处负责。殿阁大学士也逐渐成为一种荣誉性职务，经常由首席军机大臣或重要地区的总督兼任。

第二天，乾隆又下一道诏书，命王际华、裘曰修两人为总裁官，协助刘统勋处理校核《永乐大典》诸事，这意味着项目的领导团队初步形成。

> 昨据军机大臣议覆朱筠条奏校核《永乐大典》一折，已降旨派军机大臣为总裁，拣选翰林等官详定规条，酌量办理。
>
> ……
>
> 着再添派王际华、裘曰修为总裁官，即会同遴简分校各员，悉心酌定条例，将《永乐大典》分晰校核，除本系现在通行，及虽属古书而词义无关典要者，不必再行采录外，其有实在流传已少，其书足资启牖后学、广益多闻者，即将出（书）名摘出，撮取著书大

指，叙列目录进呈，候朕裁定，汇付剞劂。其中有书无可采而其名未可尽没者，只须注出简明略节，以佐流传考订之用，不必将全部付梓，〔以〕副朕裨补阙遗、嘉惠士林至意。

乾隆最后还说："《永乐大典》卷帙如此繁重，明代修此书仅用了六年时间，你们现在重新整理这套书，弃多取少，应该办理得更快，绝对不允许拖延。"

值得一提的是，总裁官王际华，是浙江钱塘（今浙江杭州）人，他当时正担任太子少傅、户部尚书。在"四库全书"项目的萌芽阶段，朱筠和王际华这两位杭州人都起到了关键性的作用。

此后，刘统勋、王际华、裘曰修三人迅速组织内阁及各部工作人员，对校核《永乐大典》和处理进呈遗书的工作细则进行研讨，拟定工作条例，估算所需人力和财力，并于十天后向乾隆皇帝呈报了初步方案。折子先例行向皇上客套一番：

> 仰见我皇上稽古右文，表章典籍，综群书之渊海，广四库之储藏，补缉搜罗，实为至周且备。

接着进入正题：我们调查了《永乐大典》一书，此书成书于明代，当时只宣扬采撷图书之众多，没有认识到编纂过程中的体例问题，虽然客观上保留了很多善本，但是其内容还是良莠不齐。如今皇上教给了我们正确的方法，我们才能更好地分析和利用这部书。我们按皇上的意思，拟了十三条凡例，请皇上审阅，等皇上认可了，我们再严格按照凡例办理，如果还有需要斟酌的地方，再随时向皇上请示。

奏折还向皇上提出了一个要求，翰林院有一处房屋，原先是纂辑《皇清文颖》和《功臣传》等书用的。如今要校核《永乐大典》，需要一个办公场所，不如就用此屋。

最后折子提出了具体办事员的用人原则，同时提出了人员增补、人员口粮、经费增补、桌椅纸张等办公用品配套等问题。

乾隆皇帝对他们的工作十分满意，在这个奏折后面，做出重要批示："是。依议。将来办理成编时，着名'四库全书'。钦此。"这是这项辑佚和纂修工作被正式定名为"四库全书"的开始，意义非凡。从此以后，他们的机构开始被称为"办理四库全书处"，简称"四库全书处"，俗称"四库馆"。几天后，乾隆又专下一道诏书，命自己的女婿、御前侍卫、前军机首辅傅恒之子福隆安亲自督办，依武英殿修书处例，为经办《四库全书》之翰林官提供饭食。校核《永乐大典》的机构可以说是办理四库全书处的前身，所以负责校核《永乐大典》工作的三位总裁官应该算是《四库全书》最初的三位总裁，他们是山东诸城刘统勋、浙江钱塘王际华、江西新建裘曰修。

接到上谕后，刘统勋召集现有人员在武英殿聚集，为接下来的工作做动员。

众翰林纷纷落座，刘统勋坐在中间，王际华和裘曰修分坐左右，其余办事人员坐在台下。刘统勋先做了开场白："诸位同僚，承蒙皇恩浩荡，我等躬与盛事，才有机会借此项目名垂青史……"

他给在座的僚属分析了急切需要完成的任务：

一是继续更为精确地调查宫中所藏《永乐大典》的情况，开列《永乐大典》整理的详细目录，将《永乐大典》所载纂成目录，进而分成三个子目录，分别为应刻目录、应抄目录、应删目录。

二是根据宫中所存《永乐大典》的情况，寻求线索，命各省查访散出宫外的《永乐大典》零册的下落。

三是待各省进呈书目完毕以后，汇总各地书目，形成一个总目录，将总目录与宫中现藏图书目录进行比对，剔除重复，再做增补、修整，形成新的目录，发还各省，命各省按目录采购、进呈书籍。

王际华和裘曰修也分别发表了意见，表达了将工作做好的决心，对在座的僚属进行了鼓舞，也对一些具体的工作做了安排。现场群情激奋，全员斗志昂扬。散会后，所有办事人员马上投入到各自的工作中，三位总裁官则留下继续商议下一步的工作。

刘统勋说："我们还要做一些其他工作，要评估工作量、工作难度和工作强度，评估完成皇上的设想需要多长时间、多少钱粮。如今皇上十分重视，不惜人力物力，有困难要及时提出来，力争把工作做到最好。"王际华和裘曰修都表示也是这样想的，随后三人也各自回去，投入自己负责的工作中。

办理四库全书处的工作紧锣密鼓地开展了两个月时间。这两个月里，乾隆不断派员加入办理四库全书处的工作，也不断有人申请加入这项事业。这段时间，他们的主要工作还是集中在统计和估算上，两个月下来，刘统勋对于这项浩大的工程所需的人力、物力、财力大致有了谱，他与王际华和裘曰修商议，准备拟一个详尽的方案向乾隆皇帝汇报。

乾隆三十八年（1773）闰三月，神州大地已然春风骀荡，柳树抽出了新芽。此时江南已经处处莺歌燕舞，江南各省的书目夹带着春的气息陆续递到京城。刘统勋带领办理四库全书处的几位总裁官、副总裁官来到南书房，准备系统地向皇上汇报一下他们为纂修《四库全书》这项大工程所搭建的框架。

这天皇上心情也不错，刚去御花园散步回来。命宦官给群臣赐座，群臣落座后，皇上说："过去两个月朕看你们经办《四库全书》事十分积极，诸位爱卿有劳了。刘爱卿，你们商议的方案如何了？不妨说来给朕听听。"

刘统勋拱手施礼道："仰赖皇上恩典，不敢稍有怠慢。臣等初步估算了经办《四库全书》所需时间、人手、钱粮等项，特来向皇上禀报。臣等初步考虑，目下重要的工作，主要集中在三块：一是抽检《永乐大典》中所在佚书，刊刻或缮写；二是对内府各处如翰林院、武英殿、詹事府等处所藏典籍进行清点、整理、刊刻、缮写；三是对各省进呈书目进行整理，对进呈图书进行编目、提要、刊刻、缮写。三项工作合计所涉图书不下数万种。"

乾隆用心听着，喝了口茶。浙江巡抚三宝刚刚进贡的明前西湖龙井在他的茶碗里散发着淡淡的芳香。他点头示意刘统勋继续说。

刘统勋接着说："臣等遵照皇上的旨意，在翰林院、武英殿、国子监等处物色可参与纂修、校勘、誊录工作之人，共约400人，若悉能召至，则完成这《四库全书》纂修工作，约需十年时间。"

乾隆继续听着，十分认真，而且若有所思，然后示意刘统勋继续说。

刘统勋接着说："办理四库全书处的机构设置和人事安排，是如今的当务之急。臣等以为，总裁、副总裁以下可分为编纂、校订、誊录、刊印等机构，其中编纂工作主要是选目、提要等，最见学术功底，乃纂修四库之基础，需学识渊博者总其成，当专设总纂官一职，视今翰林中纪昀、陆锡熊堪膺此任。校订工作要求细心周到，陆费墀堪当其事。誊录工作尤需众多人手，可从监生、贡生中招募。其余所涉饭食、物资、钱粮等事，总裁、副总裁中当各有专管之人。"

乾隆皇帝听后，觉得考虑得非常周到，对在座之人的工作表示嘉许。他最后对刘统勋说："刘爱卿，你们所付出的努力，朕都看在眼里，事成之后，定有重赏。回去把你们的方案拟个折子呈上来，所需人员、财物，全可提出，悉听调遣。朕看过以后，批转相关衙门，全力协助你们。"

得到乾隆首肯之后，刘统勋他们心里也有底了。办理四库全书处的一干人等，迅速拟定了两道诏书，呈请乾隆皇帝批复下发。

诏书明确了人事安排：《四库全书》卷册浩繁，必须多派大臣董司其事。任命刘统勋、刘纶、于敏中、福隆安、王际华、裘曰修为总裁，任命英廉、庆桂、张若溎、曹秀先、李友棠为副总裁。

接着，详细规定了办理《四库全书》的规章制度。

首先，关于《永乐大典》，要将此书逐条检阅，将其内容分为应刊、应抄、应删三类。应刊和应抄两部分都是有留存价值的，其中应刊部分价值更高，这两类都等详细校正和勘定后，缮写一部交皇帝御览，然后应刊的交付刊刻，同时仿照刘向、曾巩校书的旧例，给每种书写一个提要，附在书前，应抄部分则缮写进《四库全书》。应删的部分也要保存书名，写明删汰的原因，附在各部的后面（按：即后来之四库存目书）。至于《永乐大典》之外的书，也分门别类处理。内府藏书、武英殿刻书，列一个清单，按四部排列。在各省搜访遗书工作结束后，开列一个总目录。

其次，规定了缮写《四库全书》的体例：

> 遵旨将官刻各种书籍及旧有诸书，先行陆续缮写。其卷帙甚为浩繁，臣等酌议，凡应写各书，俱于每卷首行写钦定四库全书卷几万、几千、几百、几十，下注经部、史部字样；次行方写本书名目卷次。但首行卷数，此时难以预定，誊写时暂空数目字样，统俟编辑告成后再行补填，于排纂体制方能井然不紊。

同时规定，缮写、收发各种事宜，都在武英殿办理。缮写之前，要校勘改正原书的错误，并在缮写完成后再行校对。而这样开展工作，武英殿必然人手不够，所以要给武英殿增派人手。一应人员的管理、底本收发，由武英殿提调陆费墀负责。

再次，明确了总纂官、总校官人选，框定了一大批知名学者加入《四库全书》的纂修工作，其中在各衙门办事的，都调过来，不在京中的，调到京城来。

> 查现在纂修翰林纪昀、提调司员陆锡熊，堪膺总办之任。此外，并查有郎中姚鼐，主事程晋芳、任大

椿，学政汪如藻，原任学士降调候补之翁方纲，亦皆留心典籍，见闻颇广，应请添派为纂修官，令其在馆一同校阅，悉心考核，方足敷用。又查有进士余集、邵晋涵、周永年，举人戴震、杨昌霖，于古书原委亦能多识，应请旨行文调取来京，在分校上行走，更足资集思广益之用。

最后，奏折提出了缮写工作人员的选拔和付酬问题。总裁官们想到的办法是，从在京的贡生、监生里选拔400人，来承担缮写工作，每天、每年都规定一个工作量要求，暂时不给报酬。参与缮写工作五年后议叙，即进入官员序列，等待实缺。也就是说，可以通过参与缮写《四库全书》获得一个不经科举考试即有做官资格的机会。

办理四库全书处的所有工作人员上自总裁、副总裁，下至各处行走，都投入了紧张忙碌的工作中。与事之人各司其职，工作顺利开展起来。其间，乾隆皇帝还专门到馆查看过几次，表示对工作的重视和对工作人员的嘉奖。

但是有一件事，一直挂在乾隆心上。他思来想去，终于拿定了主意。

乾隆三十八年四月底，早朝商议诸事罢。乾隆问阶下列立两班的文武群臣："还有什么事要奏吗？"群臣沉默，表示无事可奏。乾隆说："好，今天就到这里，刘统勋、于敏中留下，其余人等退朝吧。"众臣缓步退出乾清门，乾隆皇帝从龙椅上走下来，对小宦官说："命人去办理四库全书处，叫王际华到南书房来。"宦官应声喊了一声"喳"。乾隆接着对刘统勋和于敏中说："两位爱卿随朕到南书房议事。"

刘统勋和于敏中跟随乾隆来到南书房，不多时，王际华也匆匆跑来。见礼之后，乾隆命给三人赐座。两个月以前，他们也是在这里给乾隆皇帝汇报了组建办理四库全书处和开展纂修《四库全书》工作的构想。

乾隆先关怀了一番四库全书处的工作，嘘寒问暖。三位自然说工作一切顺利，后勤保障充分。

乾隆接着问："刘爱卿，你上次说纂修《四库全书》大概需要十年，这个时间估计准确吗？"

刘统勋说："启禀皇上，按目前所能调动的人手状况，应该最少需要十年时间。"

乾隆说："刘爱卿，如果没有记错的话，你今年已经七十四岁了吧？"

刘统勋说："承蒙皇上记挂，微臣确实已经七十四岁，老朽矣。"

乾隆说："时间过得快啊，朕都已经六十三岁了，老朽矣。"

刘统勋抱拳说："吾皇万岁，千秋伟业，正当年，正当年啊！"

乾隆摆摆手，笑着说："刘爱卿不必安慰朕，虽每日被满朝文武称为万岁，朕其实十分清楚，自古以来帝王无数，哪有谁生年过百的？只是，如今纂修《四库全书》大业刚刚起步……"

乾隆说到这里，欲言又止。

刘统勋、于敏中、王际华面面相觑。

刘统勋想，以乾隆的性格，既然把他们三个叫来，必然是已经有什么打算了，便说："请皇上明示。"

乾隆说："朕即位以来，心系万民，劝课农桑，仰赖上苍眷顾，还算风调雨顺，偶有灾情，也能及时救济，百姓安居乐业，国库充盈。在边疆，屡平叛乱，抵御入侵，保得天下太平，亦可谓殚精竭虑矣。遥想圣祖康熙爷，文治武功，朕难望其项背。然而，康熙爷晚年欲以铜活字印《古今图书集成》，功未竟而驾崩，未尝不是一大憾事。

"朕携群臣，纂修《明史》，刊印《十三经》《二十四史》，皇皇巨册，天下士子乃有书可读。今卿等替朕分忧，

清乾隆武英殿刊本《二十四史·史记》书影

办理《四库全书》，此乃亘古未有之伟业。怎奈垂垂老暮之年，恐难见其成啊，岂不重蹈康熙爷之覆辙？

"朕意不妨先从《四库全书》中甄选精品，先行缮写，勒为一编，着名'四库全书荟要'，一来能先有所成，二来也便于检读。"

三个臣子马上明白了乾隆叫他们来的目的，纷纷表示皇上圣明。刘统勋说："皇上所言极是，纂修《四库全书》，原是为天下读书人搜采存世珍本，传存文献范本。纂修非一日而就，应分主次，先行缮写其中精华，汇为一编，也为后续纂修工作立一楷模。"

乾隆说："原来诸位爱卿跟朕想到一块儿了，如此甚好。此事可即操持起来，就有劳于爱卿、王爱卿专司此事如何？"

于敏中、王际华起身叩跪，齐声说："臣遵旨。"

第二天，也就是乾隆三十八年（1773）的五月初一，乾隆皇帝就亲自拟了一道诏书，发往内阁、办理四库全书处及相关各衙门。

朕几余懋学，典册时披，念当文治修明之会，而古今载籍未能搜罗大备，其何以裨艺林而光策府？爰命四方大吏，加意采访，汇上于朝。又以翰林院署旧藏明代《永乐大典》，其中坠简逸篇，往往而在，并敕开局编校，芟芜取腴，每多世不经见之本。而外省奏进书目，名山秘籍，亦颇衰括无遗。合之大内所储，朝绅所献，计不下万余种。自昔图书之富，于斯为盛。特诏词臣，详为勘核，厘其应刊、应抄、应存者，系以提要，辑成总目，依经史子集部分类众，命为四库全书，简皇子、大臣为总裁以董之。间取各书翻阅，有可发挥者，亲为评咏，题识简端，以次付之剞劂，使远迩流传，嘉惠来学。其应抄各种，则于云集京师士子中，择其能书者，给札分钞，共成缮本，以广兰台石渠之藏。第全书卷帙浩如烟海，将来庋弆宫庭，不啻连楹充栋，检玩为难。惟摛藻堂，向为宫中陈设书籍之所，牙签插架，原按四库编排。朕每憩此观书，取携最便。着于全书中撷其菁华，缮为荟要。其篇式一如全书之例，盖彼极其博，此取其精，不相妨而适相助，庶缥缃罗列，得以随时浏览，更足资好古敏求之益。着总裁于敏中、王际华专司其事。书成，即以此旨冠于荟要首部，以代弁言。钦此。

于是，王际华开始集中精力纂修《四库全书荟要》。《四库全书荟要》的几位总裁中，于此书用力最多的当属王际华，丛书框架、体例、甄选原则等，均为王际华所定。他还为修《四库全书》进献个人藏书 37 种，可以说为修书一事殚精竭虑。乾隆皇帝几次亲赴武英殿视察纂修工作，都对王际华的工作赞赏有加。乾隆四十一年，王际华病逝于总裁任上，未见荟要完成。乾隆下诏表彰：

户部尚书王际华，才品端谨，学问优长，久直内廷，简任部务，懋着勤劳。迩年承办《四库全书》及荟要事，尤为殚心经理，且年甫六旬，正资倚畀。今闻其因痰涌暴厥，医治无及，遽尔溘逝，深为悼惜。着加恩晋赠太子太保，并派散秩大臣一员、侍卫十员，前往奠醊。其各任内革职革任之案，俱准开复。所有应得恤典，仍着该部察例具奏。钦此。

对于《四库全书》，乾隆本人也没少花心思，方方面面都想到了。

乾隆三十九年（1774）六月，天气有些炎热，御花园的荷花开了。乾隆在御花园的亭子里乘凉赏荷花。福隆安跟随在身后，乾隆这位女婿行事稳妥，四库全书处采办物资等经营性事务，一般交给福隆安办。

乾隆跟福隆安闲聊："四库全书处的事都还顺利吧？"

福隆安答："阿玛洪福齐天，一切顺利。"

乾隆说："你有没有想过，这套大书修成了以后，放在哪儿，怎么放？"

福隆安说："奴才愚钝，未曾想过。请阿玛指点。"

乾隆说："朕倒也没有特别成熟的想法。朕当年下江南，走到浙江行在，听说浙江宁波范氏家富藏书，自明代至今已有二百余年。范家有个藏书楼叫'天一阁'，专为藏书而建，别具一格，二百年来未见走水之灾。今朕敕纂《四库全书》，范氏后人范懋柱多次捐书，经浙江省进呈，洋洋大观，朕尝嘉奖。"

福隆安认真听着，知道乾隆这次闲聊肯定话里有话："阿玛圣明，莫非是想在宫中仿建一座天一阁？"

乾隆笑着说："没错。此事交由你去办理，范懋柱献书有功，不要惊扰了他。你拟个诏书传朕旨意给杭州织造局，去做一下调查。如果有必要的话，你亲自去一趟宁波。"

福隆安将上下情况打听清楚，这年六月二十五日，发了一道诏书给杭州织造寅著：

乾隆三十九年六月二十五日奉上谕：

浙江宁波府范懋柱家所进之书最多，因加恩赏给《古今图书集成》一部，以示嘉奖。闻其家藏书处曰天一阁，纯用砖甃，不畏火烛，自前明相传至今，并无损坏，其法甚精。着传谕寅著亲往该处，看其房间制造之法若何，是否专用砖石，不用木植，并其书架款式若何，详细询察，烫成准样，开明丈尺呈览。寅著未至其家之前，可预邀范懋柱，与之相见，告以奉旨，因闻其家藏书房屋书架造作甚佳，留传经久，今办《四库全书》，卷帙浩繁，欲仿其藏书之法，以垂久远，故令我亲自看明，具样呈览，尔可同我前往指说。如此明白宣谕，使其晓然于心，勿稍惊疑，方为妥协。将此传谕知之。仍着即行覆奏。钦此。

领侍卫内大臣尚书公额驸福〔隆安〕遵旨传谕杭州织造寅著。

织造局是内务府的派出机构，清代在江宁、苏州、杭州各设有一个织造局，其主要工作是采办皇宫所需的绫罗绸缎等江南特产，由于直接受内务府委派，不受地方官吏领导，所以也一定程度上起到监察地方官吏的作用。调查天一阁建筑信息之事，属于纂修《四库全书》的后勤工作，又织造局直接归内务府统辖，乾隆委派身为御前侍卫的福隆安来经办此事，显示了乾隆用人有道。

杭州织造寅著不敢怠慢，很快亲赴宁波，拿到了天一阁的图纸，快马送到京城。

福隆安向乾隆汇报后，乾隆命福隆安主持，在宫中文华殿后仿照天一阁规制，兴造一栋建筑，待《四库全书》修成之后，用于庋藏。

建筑用了两年多时间方告竣工，乾隆御笔钦题"文渊阁"三字。

就这样，纂修工作在乾隆的亲自关怀下紧锣密鼓地进行着。纂修《四库全书》的参与者，有兼职有全职，有伴其始终，有中途进出，前后将近四百人，焚膏继晷，数易寒暑。历经十六任总裁官，加上总纂官纪昀、陆锡熊，总校官陆费墀等人的努力，从乾隆三十七年（1772）朱筠上书建议校核《永乐大典》，到乾隆四十六年十二月（1782年初）抄成了第一部《四库全书》，正如刘统勋预计的，用了十年时间。

乾隆皇帝看到进呈御览的书，大喜过望，对于参与其事者大加封赏。乾隆四十六年十二月，纂修完成的《四库全书》入藏文渊阁，后世称为"文渊阁《四库全书》"。

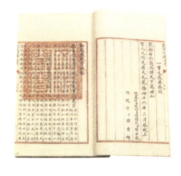

《四库全书》书影

陆费墀饮恨修书业，
乾隆爷驾临文澜阁

　　《四库全书》纂成入藏文渊阁，一项彪炳千秋的文化工程历时十年终于完成了。在这十年里，工程的最初的一批功臣刘统勋、王际华、于敏中、朱筠相继去世了，阁书始成，已阅尽沧桑。见到书入文渊阁，乾隆君臣终于可以稍喘口气，迎来乾隆四十七年（1782）的春节，对于四库馆臣来说，这是难得清闲的一个春节。

　　乾隆四十七年的正月，乾隆命令馆臣开始誊抄第二部、第三部、第四部《四库全书》，准备分别藏于盛京（今辽宁沈阳）文溯阁、圆明园的文源阁和避暑山庄（今河北承德）文津阁。乾隆曾经担心自己无法活到《四库全书》纂修完成，如今，七十二岁的他看到了。所以，对于接下来要缮写的三部，他已经不甚着急，给了臣子们六年的期限。

　　四库馆在这年正月十一就恢复了工作，另外三阁《四库全书》的缮写有条不紊地展开。

　　一转眼又到了七月，北京城魃威犹在。御花园里的很多荷花还开着，其中早开的那一部分已经有了衰败的迹象。乾隆皇帝慢慢踱步过来，在亭子里坐下，看蜻蜓不时在池子里点一下，一圈圈涟漪整齐地荡漾开去，触到荷叶时又整齐地改变行状和方向。

乾隆坐了一会儿，福隆安和和珅应召小跑着赶来，福隆安今年 37 岁，和珅小他 4 岁，二人正是年富力强的时候。

二人在小宦官的引领下进到亭子里来，先告罪让皇上久等了。

乾隆并不见怪，说："本来就是到御花园来散散心，二位不必拘谨。"随即命他们在石凳上坐下说话。

乾隆说："两位爱卿在《四库全书》总裁任上甚是辛苦。新的三份缮写工作，不知顺利否？"

二人方明白了，这次叫他们俩，又是关于《四库全书》的事。于是纷纷说承蒙皇上挂碍，诸事顺遂。

乾隆接着说："今天叫两位爱卿来，是有一个设想，想听听二位的意见。《四库全书》是千古未有的功业，朕上承祖宗阴德，又得群臣相佐，修成这样一套巨制。如今首部《四库全书》已入藏宫中文渊阁，另三部也已开始缮写，看进度比朕预期的还要快一些。此三部完成之后，再分贮三个地方。

"然自顺治爷入关以来，我朝人文渊薮俱在江南，尤其江浙，颇多积善之家，人才辈出。近年纂修《四库全书》，无论进呈书籍还是躬与其事，江浙都是贡献最大的。如今《四库全书》缮写四部，全在北方，且均深藏宫禁之中，天下士子难能得见，未尝不是一大憾事，也有悖朕修书的初衷。

"朕意有无可能，于四部之外再缮写数部，分藏江南各地？"

和珅有些踌躇，此时的他是兵部尚书兼管户部三库。户部三库是实际掌握着国家的经济命脉的机构，其职能大致相当于现在中国人民银行、国家税务总局、财政部的职能总和。在这个职位上的和珅十分清楚，十年来，朝廷纂修《四库全书》和边疆的几次战事消耗了巨额资金，产生了巨大的财政赤字。朝廷已经没有过多的钱继续投到《四库全书》上了。

和珅说："皇上体恤天下士子，其情颇令奴才感动。缮写几部《四库全书》藏于南方各省，以见吾皇洪恩远播，奴才以为十分可行。只是，缮写、庋藏《四库全书》皆需大量开销，江南一带士绅豪富极多，不妨倡议当地士绅集资兴办。"

国库亏空一事，和珅已经在乾隆面前旁敲侧击地说过几次，今天和珅这么一说，乾隆马上就明白了。他觉得和珅的想法很有道理，既遂了他的心愿再抄几部《四库全书》，又不用本就亏空的国库出钱。

乾隆说："和爱卿言之有理，此事宜尽早打算，就交由你们两人出面办理。"

二人允命退下。

乾隆四十七年（1782）七月初八，乾隆前后思量妥当之后，一日连下两道诏书，一道通过内阁发往相关省份：

> 朕稽古右文，究心典籍，近年命儒臣编辑《四库全书》，特建文渊、文溯、文源、文津四阁，以资藏

庋。现在缮写头分告竣，其二、三、四分限于六年内按期藏事，所以嘉惠艺林，垂示万世，典至巨也。因思江浙为人文渊薮，朕翠华临莅，士子涵濡教泽，乐育渐摩，已非一日，其间力学好古之士、愿读中秘书者，自不乏人。兹《四库全书》允宜广布流传，以光文治。如扬州大观堂之文汇阁、镇江金山寺之文宗阁、杭州圣因寺行宫之文澜阁，皆有藏书之所，着交四库馆再缮写全书三分，安置各该处，俾江浙士子得以就近观摩誊录，用昭我国家藏书美富、教思无穷之盛轨。至前者办理四库全书考募各誊录，皆令自备资斧，五年期满，给予议叙，至为优渥。但人数众多，未免开幸进之门。且现在议叙者尚虞壅滞，若因此致碍选途，又非朕策励人才之本意。此次续缮《四库全书》三分，俱着发给内帑银两，雇觅书手缮写，在钞胥等受值佣书，自必踊跃从事，而书成不致滥邀议叙，亦于铨政无碍。所有应办各事宜及添派提调、校对等官，着交四库全书馆总裁悉心妥议具奏，以副朕振兴文教、嘉与多士之至意。钦此。

这道诏书虽然文字不多，但是信息量极大。第一，皇上决定要再缮写三份《四库全书》，分藏江浙两省。第二，三份《四库全书》的藏地确定了，分别是扬州、镇江和杭州。第三，不再专门兴建宫室庋藏，命三处改造旧有建筑，分别是扬州大观堂、镇江金山寺、杭州圣因寺。第四，御赐阁名已经有了，分别叫文汇阁、文宗阁、文澜阁。第五，誊录人员原先是不付酬的，但是五年后可以"议叙"授予官职，现在则改由内务府出钱雇佣誊录人员。第六，没有说其他一应开支怎么出。

另一道诏书则通过福隆安和和珅发往浙江巡抚、两淮盐运使和浙江布政使。这事儿就很有意思了，这道关于文化教育的诏书，没有发给学政，而是发给了盐运使

乾隆四十七年七月初八日内閣奉
上諭朕稽古右文究心典籍近年命儒臣編輯四庫全書特建
文淵文源文津四閣以資藏庋現在繕寫頭分告竣其
二三四分限於六年内按期藏竣朕翠華臨蒞士子涵濡教
典至鉅也因思江浙為人文淵藪
澤樂育漸摩已非一日其間力學好古之士願讀中秘書者
自不乏人兹四庫全書允宜廣布流傳以光文治如揚州大
觀堂之文匯閣鎮江金山寺之文宗閣杭州聖因寺行宫之
文瀾閣皆有藏書之所著交四庫館再繕全書三分安置各
談虞俾江浙士子得以就近觀摩謄錄用昭我國家藏書美
富教思無窮之盛軌欽此

光緒七年六月吉日兵部尚書浙江巡撫臣譚鍾麟恭錄

关于庋藏《四库全书》的乾隆御碑

和布政使，其中一个原因是两淮盐运使的官署设在扬州，而更主要的原因是这道诏书涉及的最大问题就是钱的问题。

> 尚书额驸公福〔隆安〕、尚书和〔珅〕字寄闽浙总督兼浙江巡抚陈〔辉祖〕，传谕两淮盐政伊龄阿、浙江布政使署理织造盛住，乾隆四十七年七月初八日奉上谕：

> 《四库全书》现在头分已经告竣，其二、三、四分限于六年内按期藏事，并特建文渊、文溯、文源、文津等阁以供藏度。因思江浙为人文渊薮，允宜广布流传，以光文治。现特发内帑银两，雇觅书手，再行缮写全书三分，分贮扬州大观堂之文汇阁、镇江金山寺之文宗阁，杭州圣因寺内拟改建文澜一阁，以昭美备。着传谕陈辉祖、伊龄阿、盛住等，所有大观堂、金山寺二处，藏贮《图书集成》处，所空余格甚多，即可收贮《四库全书》。若书格不敷，着伊龄阿酌量再行添补。至杭州圣因寺后之玉兰堂，着交陈辉祖、盛住改建文澜阁，并安设书格备用。伊龄阿、盛住于文渊等阁书格式样皆所素悉，自能仿照妥办。至修建书格等项工费无多，即着两淮、浙江商人捐办，伊等情殷桑梓，于此等嘉惠艺林之事，自必踊跃观成，欢欣从事也。将此各传谕知之。钦此。

这道圣谕集中解决的是贮书地点问题和经费问题。第一，扬州大观堂、镇江金山寺本来是藏贮《古今图书集成》的，原有许多空余书格，可以贮藏《四库全书》。如果空余书格不够，让两淮盐运使伊龄阿想办法，办法就是让两淮商人捐款。第二，杭州将圣因寺改造成文澜阁，所需费用也由浙江商人捐款。

几天后，诏书分别到了扬州和杭州。闽浙总督兼浙江巡抚陈辉祖马上召集浙江布政使兼杭州织造署理寅著等官员一同商议。

陈辉祖说："圣旨的内容，诸位都看到了。《四库全书》是我朝用十年时间纂修、缮写的一套巨制，皇上十分重视。其北四阁四份，将藏于宫中、盛京、圆明园及避暑山庄，均在禁中。拟抄三份分贮南三阁，其中一份置于浙江杭州，这是皇上莫大的恩典。"

众人均点头表示同意。

陈辉祖接着说："皇上的意思也明白，不再从国库出钱了，让我们动员浙江的士绅捐款。"

寅著说："圣因寺本是康熙爷的行宫，雍正五年改了寺庙，供奉着康熙爷的牌位，一直用皇家颁赐的银两维护，建筑状况很好。如今要贮藏《四库全书》，缮写一应费用由内务府出，我们不过是购置一些书格的事，想必开销不大。动员我浙士绅捐款，应该不是问题。"

陈辉祖与寅著随即开始各项工作，二人同赴孤山圣因寺探勘，见圣因寺后面的玉兰堂非常潮湿，不适合藏书，而且离山根太近，也无法扩建。倒是玉兰堂东面的藏书堂，现在藏有一部《古今图书集成》，堂后还可以扩建三个厅这么大的地方，足够贮存《四库全书》。

另外，寅著紧急动员浙江省内士绅，倡议捐款。当时浙江商人中不乏巨富。商人社会地位不是很高，十分乐于结交官府，所以一听说有个捐钱的机会，纷纷表示愿意解囊。不多时，寅著已经能初步估算出募集到的银两数目。寅著是个擅长经营的人，早从京城打听到了

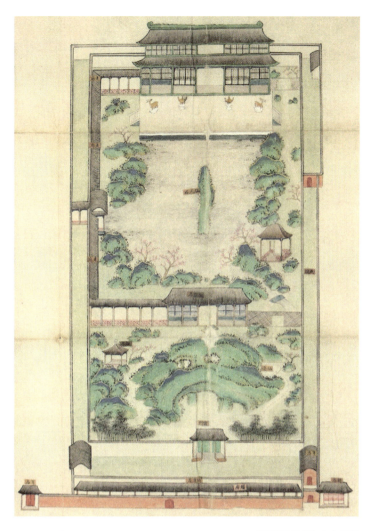

《西湖园林图》之文澜阁

缮写一部《四库全书》需要付给抄工的费用应该不超过
四十万两，粗估如今所能募到的银钱，修缮、扩建、添
置书格绰绰有余，再付誊抄之资也不吃力。

　　于是，寅著就跟陈辉祖说："陈大人，皇上如今命江
苏、浙江两省经办《四库全书》自是皇恩浩荡，我等也
要体恤圣恩，近十年纂修《四库全书》，国库用度极大。"

陈辉祖当然明白，寅著不好直说皇上是为了省钱，但是实际就是这么个意思。陈辉祖点头表示明白，示意寅著接着说。

寅著说："据下官统计，单浙江商人目前明确能捐献的钱，不仅足敷修缮、扩建之资，连缮写费用也负担得起。大人不妨上书皇上，汇报勘探圣因寺结果时，一并将缮写费用延揽过来，必能博皇上龙颜一悦。"

陈辉祖听后拍手称快，说寅著这个主意好。他很快拟好奏折，于八月初十寄往京城。

闽浙总督管浙江巡抚臣陈辉祖谨奏，为奏覆事。

乾隆四十七年七月十七日准尚书额驸公福〔隆安〕、尚书和〔珅〕字寄，七月初八日奉上谕：《四库全书》现在头分已经告竣，其二、三、四分限于六年内按期蒇事等因。钦此。遵旨寄信前来。

臣跪读之下，仰见我皇上嘉惠艺林、广示乐育之至意。遵即商藩司盛住亲至〔圣因〕寺后之玉兰堂，勘得该处后槛外逼近山根只九尺余，地势潮湿，难以藏贮书籍。且院宇地盘浅隘，亦难另行改建。惟查玉兰堂之东迤下有藏书堂，现为藏贮《图书集成》之处，堂后地盘宽阔，其后照三楹，臣与藩司盛住面加相度其地，堪以改建文澜阁。并仿照文渊等阁书格式样，臣亦商令盛住妥为敬谨制办，以便收贮《四库全书》。

正在缮折奏覆间，即据总商何永和等呈称，商等世业浙鹾，身蒙恩遇，愧无丝毫报效，今恭逢圣主加惠两浙人文，特颁旷典，实系商等分应承办之事。且改建等项，需费无多，所有雇觅书手缮写全书之费，

风
起
文
澜

H A N G

Z H O U

商等亦理宜按数呈缴，何敢上费天心，动支帑项，恳请据情代奏等情。臣窃思江浙两省均蒙圣恩，分贮全书，永光文治，洵为千载难逢之盛典。该商等谊切桑梓，情深欣跃，据呈实出至诚，合无恳请我皇上俯准，敕交总办《四库全书》大臣，查明雇觅书手应需银数，寄信到浙，以便转饬遵照。

所有臣奉到谕旨酌拟改建文澜阁处所暨商人欣跃下情，相应会同布政使署杭州织造盛住恭潜具奏，并绘图进呈，伏乞皇上睿鉴。谨奏。

乾隆后来批复这道奏折说："缮书款的事，前面已经有过圣旨了，不必再讨论了。"所以抄书的费用实际还是内务府承担了。

除了浙江本地的富商捐资兴建文澜阁外，一些退休的浙江籍官员也因深感自豪，而主动提出捐款。原任兵部侍郎沈初、候补京堂钱琦、原任翰林院侍读学士李汪度均致书浙江巡抚福崧①，请求为文澜阁兴建略尽绵薄之力。福崧为此联名闽浙总督富勒浑、浙江学政窦光鼐共同给乾隆皇帝上了一封骈四俪六、文采斐然的折子汇报此事。

乾隆四十九年（1784）十一月，第二、三、四份《四库全书》全部缮写校对竣工，整个缮写校对过程只用了不到三年时间，比乾隆预估的六年快了一半多。第五、六、七份《四库全书》的缮写工作也随即开始。

在这两年中，浙江商人捐资扩建藏书堂以兴建文澜阁的工程也基本告竣了。

乾隆其实一直惦记着各项工程的进度。一年前，也

①其间涉及一些人事变动。陈辉祖原为闽浙总督，乾隆四十六年（1781），浙江巡抚王亶望贪事败，陈辉祖在查抄王亶望家的过程中设法将王亶望家产据为己有，后陈辉祖以闽浙总督兼浙江巡抚。乾隆四十七年九月，陈辉祖贪腐事发。乾隆四十八年二月，皇帝赐其自尽。后富勒浑任闽浙总督，福崧任浙江巡抚。

就是乾隆四十八年十一月的一天，宫中专门派了个宦官奉圣旨赶到浙江巡抚衙门。浙江巡抚福崧出门接旨，宦官宣读圣旨："办理军机处为知会事。杭州西湖添建文澜阁，所有碑刻匾额，现在奉旨发下御笔墨宝四张，贵督即遵照卷幅背面所开办理可也。为此知会。右咨浙江巡抚。"

福崧叩跪接旨，谢主隆恩。

宦官随即将带来的乾隆御笔钦题的四张纸交给福崧说："福大人，这是万岁爷的墨宝，你且收好了。皇上交代了，文澜阁建成之后，用御笔墨宝制成匾额悬挂。"

福崧拱手施礼接过来，命属下收好，妥善保管。

宦官接着说："万岁爷来年开春又要南巡，拟临幸浙江，其中一个行程便是临幸文澜阁，福大人想必已经知晓。"

福崧说："下官早已得知，浙江万民同仰，恭迎圣驾，正在悉心准备，不敢稍有差池。"

二人继续叙谈，福崧热情款待，自不必言。

乾隆四十九年（1784）正月，乾隆按计划开始了他的第六次南巡，也是他一生中最后一次南巡。这位年迈的帝王，现在已经74岁高龄了。中国的历史虽然漫长，但是在位时间如此之长、年事如此之高的皇帝却并不多。乾隆七十岁时开始使用一枚"古稀天子之宝"的印章，稍后抄成的文澜阁《四库全书》也将加盖他的这枚印章，这未尝不是一种人生的旷达。

清乾隆"古稀天子之宝"玉玺，台北故宫博物院藏

　　没有证据表明乾隆这次南巡是专为文澜阁而来，但是可以确定的是，文澜阁是动因之一。在海宁参加了祭海神的活动，巡察了海塘水利工程后，銮驾西折，直奔杭州。登上孤山，来到坐落在半山腰的圣因寺门前，转身眺望暌违数年的这一席湖山，乾隆心中百感交集。

　　依例向寺中供奉的康熙爷灵位行过叩跪大礼后，乾隆急不可耐地对福崧说："走，带朕看看文澜阁去！"

　　福崧唯唯诺诺地说："皇上这边请。"便引着众人往东北方向而去。

　　此时文澜阁建筑已经全部搭建完成，只是摆放图书所用的书格还未及置办。厅中仅放着一套《古今图书集成》。乾隆和随行人员在福崧的指引下，走进文澜阁，逐层游览。文澜阁也大致遵从文渊阁和天一阁的形制，明二暗三，从外面看是两层小楼，进去以后实际是三层。登上最顶层以后，西湖景致尽收眼底，乾隆皇帝的心情十分愉悦，频频感叹："好啊，好啊！《四库全书》有

文澜阁本《四库全书》

这样的贮存之所,朕也就放心了。诸位爱卿,你们费心了。"福崧等人纷纷表示皆是皇上龙意天裁,不敢抢功。

心情舒畅的乾隆皇帝当即在阁上题诗数首,浙江的地方官一一将这些诗作刻在了碑上。

愉快的时光总是短暂的,一番巡察和游玩之后,乾隆皇帝的最后一次南巡结束了。

回到京城,乾隆不免对浙江地方一众官吏进行了一番表彰。

这年二月二十一日,乾隆又下了一道关于南三阁的诏书,重申了他建设南三阁的初衷,即允许读书人将书借出传写。

乾隆四十九年二月二十一日内阁奉上谕:

前因江浙为人文渊薮，特降谕旨，发给内帑，缮写四库全书三分，于扬州文汇阁、镇江文宗阁、杭州文澜阁各藏庋一分。原以嘉惠士林，俾得就近抄录传观，用光文治。第恐地方大吏过于珍护，读书嗜古之士，无由得窥美富，广布流传，是千缃万帙，徒为插架之供，无裨观摩之实，殊非朕崇文典学，传示无穷之意。将来全书缮竣，分贮三阁后，如有愿读中秘书者，许其陆续领出，广为传写。全书本有总目，易于检查，只须派委妥员董司其事，设立收发档案，登注明晰，并晓谕借钞士子加意珍惜，毋致遗失污损，俾艺林多士，均得殚见洽闻，以副朕乐育人才、稽古右文之至意。钦此。

南三阁《四库全书》的缮写和校对仍由四库馆统一负责，内务府拨付专款雇佣佣书用熟练的馆阁体进行抄写，总校官陆费墀统领诸翰林进行校对。抄校南三阁书，内务府总共出资 100 余万两。

抄校工作推进得很快，到了乾隆五十二年（1787）初，缮写和校对工作基本完成了。抄好的《四库全书》用纸捻子装订成册，未装封面，开始分批发往扬州、镇江和杭州，当地官员、士绅终于见到书写工整、用纸优质的《四库全书》，干劲十足，马上投入了装潢和贮藏入阁的工作，几个月时间，就将陆续发来的 110 种 2000 余册《四库全书》装潢完成了。

然而，故事并不是沿着这个轨迹发展下去直至宣告结束的。

又到了一年中最炎热的六月，乾隆五十二年（1787）的六月，"古稀天子之宝"的玺印已经使用了七年多，77 岁的乾隆爷在承德避暑山庄避暑。他除了每天处理京城送来的公文，就是到文津阁去翻阅三年前入藏的那套《四库全书》。这也许是乾隆少有的能静下心来沉浸式阅读《四库全书》的机会，然而，这次阅读体验非常糟糕。乾隆发现《四库全书》里的错误俯拾即是，缮写质量非常差。他叫来随行的皇子、军机大臣，阿哥和大臣也读出很多错误。乾隆愈发生气，传旨回京城，命在京的皇子、殿阁学士等，到文渊阁和文源阁取阅《四库全书》，同样也发现了很多错误。

自然，龙颜震怒。

"传和珅！"乾隆大喝一声。

值守的宦官见势不妙，赶忙去找和珅。和珅这次作为伴驾大臣，随乾隆到避暑山庄来避暑。听到宦官火急火燎地来叫，知道皇上发火了，赶忙跑过来。

"和珅，你看看，这《四库全书》里错误是不是太多了！"乾隆继续喊道。

和珅唯唯诺诺地说："奴才昨天奉命谨阅数册，缮写错误比比皆是，可谓漏洞百出。"

"你看这么多错字！还有这，一片一片的空白！还有最严重的，这个书里，还大量引用了李清和钱谦益的东西！纪昀这个总纂官干的什么事！"乾隆说着，把一册《尚书古文疏证》摔在和珅面前。

和珅深伏于地，不敢抬头。

乾隆稍压了压怒火："和珅，你速去下书给纪昀，让他给朕一个交代！"

不等和珅答话，乾隆又说："四库馆总裁现在谁在京中？"

和珅稍一思索，说："总裁无人在京。"

乾隆又问："副总裁呢？"

和珅答："彭元瑞在京。"

乾隆说："让彭元瑞跟纪昀一起查！"

和珅口称"喳"，满头大汗地退了出来。

回到居所，和珅赶忙拟了诏书，话没多说，只拣了重点。然后火速发往京城：

启者：

　　本日面奉谕旨：文津阁所贮《尚书古文疏证》，内有引用钱谦益、李清之说，从前较订时何以并未删去？着将原书发交彭元瑞、纪昀阅看。此系纪昀原办，不能辞咎，与彭元瑞无涉。着彭元瑞、纪昀会同删改换篇，令纪昀自行赔写，并将文渊、文源两阁所藏，一体改缮。钦此。特此布达，顺候近祺不一。和〔珅〕等同具。

和珅拟的这道旨意大致意思是：文津阁本《四库全书》中的《尚书古文疏证》内引用了钱谦益、李清的学说，先前校订的时候为什么不删除？现在命令将书发给彭元瑞、纪昀阅读查看。这本来是纪昀经办的，纪昀肯定负有责任，跟彭元瑞没有关系。命令彭元瑞、纪昀共同删改、抽换篇什，抄写所需费用，由纪昀自行赔付，并按这个办法对文渊阁本、文源阁本进行修改。

这几天避暑山庄频繁传来圣旨，让皇子和翰林们去抽校《四库全书》，纪昀就已经嗅到了有什么事要发生。

接到这道圣旨之后，纪昀神色慌张，他意识到有更大的事会发生，但是他没有时间细想，他必须就目前这件事给皇上一个交代。于是他会同彭元瑞用了四天时间，把《尚书古文疏证》中关于李清和钱谦益的文字通通删除，然后上折子承认错误，表明愿意承担重新缮写产生的费用。

臣纪昀、臣彭元瑞谨奏：

本月初八日报到发下阎若璩《尚书古文疏证》一部，臣等公同阅看，书内钱谦益、李清诸条，未经抽削，实属疏漏。臣纪昀另折奏请议处外，臣彭元瑞会同臣纪昀谨就各条文义，分别或删数字，或删全条，务使两人邪说不污卷帙，尽行削去。谨黏贴黄签，恭呈御览，伏候训示。臣纪昀敬谨赔写赶缮一分，一并呈览，就近发交装潢，归入文津阁书函。

臣等再查文渊阁、文源阁《尚书古文疏证》内李清一条未经削去，其钱谦益十五条俱经原校官删改，但仅去其姓名，而仍存其议论，应画一削去。并文溯阁及发南三分，臣纪昀俱行陆续赔写归入。

又查现在文渊阁详校官侍讲陈崇本签出王士祯《居易录》内钱谦益二条、李清二条，庶吉士李如筼签出王士祯《古夫于亭杂录》内李清一条；文源阁详校官额外主事李肖筼签出《绎史》内李清序一篇。臣等俱即核削，臣纪昀亦行赔缮，黏签呈览。发下后，臣纪昀一并赔缮。谨奏。

李清和钱谦益是明代遗民，入清以后仍然做官。康熙以来的皇帝素来对这些人颇有微词，认为他们于大节上有亏。所以，清代中期刊印的书很少能见到这些人，有些早先书板涉及这些人的，到再印书时也都会进行挖改。

纪昀有他的过人之处，改完《尚书古文疏证》之后，马上想到了明末清初的书籍全都涉及这个问题，他马上又给乾隆写了一个折子，主动申请校核这个时间段的书，需要删改的地方进行删改，产生的费用自己承担。但是目下正经办《四库全书》的核签工作，每天工作量巨大，工作要持续两个月时间。请皇上宽限两个月，两个月之后愿主动到各阁校阅。

臣纪昀跪奏，为沥陈愧悔，仰恳天恩事。

本月初八日文报到京，臣敬接廷寄谕旨，跪读之下，惶骇战惧，莫知所为。谨遵旨与臣彭元瑞将阎若璩《古文尚书疏证》底本内所引李清、钱谦益诸说，详检删削。臣纪昀现在趱办赔写外，伏念臣一介庸愚，叨蒙简擢，俾司四库总纂主事，受恩稠叠，迥异同侪，理应办理精详，方为不辜任使。乃知识短浅，查核不周，致有李清《诸史异同录》一事，虽幸蒙恩宥，已自觉日夜疚心。兹阎若璩《尚书古文疏证》复有失于删除之处，更蒙我皇上格外矜全，不即治罪。闻命之下，感愧交并。在皇上圣度包容，固共仰天地仁爱之心，圣人宽大之政。在臣则受任至久，受恩至深，乃错谬相仍，愆尤丛积，实上无以对圣主，下无以对天下之人。若再不殚竭血诚，力图晚盖，是臣竟顽同草木，无复人心。

伏查《四库全书》，虽卷帙浩博，其最防违碍者多在明季、国初之书。此诸书中经部违碍较少，惟史部、集部及子部之小说、杂记，易藏违碍。以总目计之，不过全书十分之一二。当初办之时，或与他书参杂阅看，不能专意研寻；或因誊录急待领写，不能从容磨勘，一经送武英殿缮写之后，即散在众手，各趱功课，臣无从再行核校。据今李清、阎若璩二书推之，恐其中似此者尚或不免。现在虽奉旨派员详校，但诸书杂阅不能专力于明季、国初，又兼校讹字、脱文、偏旁、行款及标记译语，亦不能专力于违碍。至交臣核定，臣惟查所签之是非，其所未签更不能遍阅，恐终不免尚有遗漏。臣中夜思维，臣虽年过六旬，而精力尚堪校阅，且诸书曾经承办，门径稍熟，于违碍易于查检。不揣冒昧，仰恳皇上天恩，予臣以悔罪自赎之路，准将文源阁明神宗以后之书，自国朝列圣御纂、皇上钦定及官刊、官修诸编外，一概责臣重校。凡有违碍即行修改，仍知会文渊、文津二阁详校官画一办理，臣俱一一赔写抽换，务期完善无疵。臣断不敢少有回护，致他日再蒙圣鉴指出，自取重诛。

惟臣现办核签之事，计全书六千余函，限两月告竣，每日须核签一百余函，方能蒇事，实无余力复勘他书。且一日之中，详校官一百二十五人收发往来，商酌应答，亦不能静心细阅。如蒙圣慈，准于两月限满、各官销签完竣之后，容臣展限至皇上回銮以前，独自常川在园，将明季、国初史部、子部、集部应勘之书，再行尽力勘办，庶违碍可以全除，秘籍益臻精善，臣亦得藉赎前愆，稍酬高厚。

是否有当，伏候圣裁。臣曷胜战栗待命之至。谨奏。

这道奏折体现了纪昀高超的为官之道，他在乾隆身边也有些年头了，深悉乾隆脾性。连上两道奏折并提出改过办法，使得乾隆对纪昀的愤怒稍微平复了一些。但是对整套《四库全书》的失望，还是难以平复。

在接到纪昀忏悔折子后的第二天，乾隆下了一道圣旨，基本同意了纪昀将功折罪的方案，并让实际也在负责总纂工作的陆锡熊跟纪昀分赔。处理完纪昀和陆锡熊的事，也就是料理好了北四阁的重校事宜。这道圣旨的后半部分，则是针对总校官陆费墀的，其处罚方式直接改变了南三阁《四库全书》的装潢方式和进度。

前因热河文津阁所贮《四库全书》，朕偶加披阅，其中讹谬甚多，因派扈从之阿哥及军机大臣等覆加详阅。并令在京之阿哥及大学士、九卿等将文渊、文源二阁所贮书籍，一体校阅。今据和珅等阅看各书，其讹舛处不一而足。此内阎若璩《尚书古文疏证》一书，有引李清、钱谦益诸说，未经删削，并《黄庭坚集》诗注有连篇累页空白未填者，实属草率已极。着将承办之总校、分校等交部议处。现据纪昀奏请将《尚书古文疏证》内各条遵照删改，陆续赔写，并请将文源阁所贮将明季、国初史部、集部及子部之小说、杂记诸书，自认通行校勘，凡有违碍即行修改，仍知会文渊、文津二阁详校官画一办理，再行赔写抽换，务期完善等语。从前办理《四库全书》，系总纂纪昀、陆锡熊，总校陆费墀专司其事。朕以该员等纂辑订正，着有微劳，不次超擢，数年之间，晋阶卿贰，乃所办书籍竟如此荒谬舛错。如果从前缮写时，誊录率意脱落遗漏，自不难将已邀议叙现膺民社各员斥革治罪。但此等讹谬，该誊录等惟知照本缮写，势不能考订改正，而纂校各员则系专司考订之责，自应详加细阅，方不致讹谬丛生，乃一任其袭谬沿讹，竟若未经寓目者。该员等所办何事，其咎实无可辞。今纪昀既自认通行覆阅明末各书，并请将看出应换篇页自行赔写，交部议处，而陆锡熊则因现出学差，陆费墀丁忧回籍，转得置身局外，是使纪昀一人独任其咎，转令现在派出之大小各员分任其劳，实不足以昭平允。着将文渊、文源、文津三阁书籍所有应行换写篇页，其装订挖改各工价，均令纪昀、陆锡熊二人一体分赔。至陆费墀本系武英殿提调，后充总校，所有《四库全书》，伊一人实始终其事，而其洊升侍郎，受恩尤重，较之纪昀、陆锡熊，其咎亦更重。现在续办三分书应发文澜、文汇、文宗三阁陈设者，现经该盐政等陆续领运，俟各书到齐时，除书楠久经成造安设外，所有面页装订木匣刻字等项，俱着陆费墀自出己资，仿照文渊等三阁式样罚赔，妥协办理，就近陈设，以示惩儆，而服众心，不必令盐商等承办。

这道圣旨的后半部分要求彻查《四库全书》底本遗失之事，将彻底改变陆费墀的命运。《四库全书》差错过高这只是乾隆处罚陆费墀的原因之一，而且出现这个问题，从总裁官、总纂官、总校官到抄写人员其实都有责任。陆费墀受的处罚尤其重，是因为盖有印章的校书出现了遗失情况。作为总校官，他是直接负责管理《四库全书》底本的。此事虽与文澜阁没有直接关系，但是正是因为陆费墀犯了这个错误，乾隆责令他经办南三阁的装潢事宜，客观上使得陆费墀成为文澜阁建造及文澜阁《四库全书》抄成入藏的功臣。

再，朕闻从前各省送到遗书底本，发缮时即有残阙遗失，向坊间售买刻本，抵作原书之事。嗣于四分全书办竣时，经总裁等奏准，所有底本将来俱应存贮翰林院衙门。今续办三分全书已经告竣，此项底本自应查齐收贮。但从前底本皆有印记可凭，易于核对，且文渊等三阁所贮各书名目，恐有参错不齐及彼此互異之处。着交六阿哥、阿桂即将原书底本详悉查核，是否系有印记，呈进原书有无将坊本抵充；再将文渊、文源两阁书籍逐一核对，卷秩书目是否相符，按册详查，据实具奏，勿得稍存回护。俟查明后，再将文渊、文源两阁书目总册寄至热河，以凭稽查画一，俾无鲁鱼亥豕之讹，而功过益昭惩劝。钦此。

除了将这道圣谕发往四库馆，乾隆还专门命人将圣谕抄了一份，发往浙江。同时，乾隆传旨浙江巡抚琅玕，

清乾隆四十七年（1782）御赐陆费墀铭夔龙纹歙砚

让他将陆费墀叫到杭州，当面把圣旨读给他听。

陆费墀是桐乡人，此时正丁忧在家，按当时的礼法，需要在家守孝三年。从桐乡到杭州，大约 120 里地。得到消息的陆费墀惊慌失措，深知事大，即刻启程，用了一天时间赶到浙江巡抚衙门。

好在正是天长的时候，天还没黑。陆费墀就跪在巡抚衙门门口，等差人去通报。浙江巡抚琅玕命人将陆费墀叫到二堂，按乾隆的要求，当面宣读圣旨：

> 大学士和〔珅〕字寄浙江巡抚琅〔玕〕、江苏巡抚闵〔鹗元〕，传谕两淮盐政征瑞、杭州织造额尔登布，乾隆五十二年六月十三日奉旨：昨因文津等阁所贮《四库全书》草率讹谬，已明降谕旨，令纪昀、陆锡熊将文渊、文源、文津三阁书籍应换篇页及装订挖改工价一体令赔，并令陆费墀将文澜、文汇、文宗三阁书籍所有面页、装订、木匣、刻字等项，俱着自出己资，仿照文渊等三阁罚赔，妥协办理……

这段开门见山，直接命令陆费墀自掏腰包接过南三阁的装潢任务，陆费墀深伏在地，汗如雨下。

乾隆在这道圣旨的后半部分对陆费墀进行了接近破口大骂的谴责。于敏中晚年的所作所为，令乾隆对其心存芥蒂，《四库全书》的质量问题只是乾隆的一个发泄口。然而此时于敏中已经过世了，乾隆表示不再追究。但陆费墀进入四库馆担任要职是于敏中一手举荐的，乾隆一定程度上是将对于敏中的愤怒迁于陆费墀一身。乾隆说："四库馆中诸大臣，大多是兼职的，他们在国家其他事务中都做出了很多贡献。而你陆费墀是专职从事纂修工作的，因为朕重视纂修工作，你几年内在没有其他功绩的情况下连升数级，你应该感恩才是。而你不但不知道感恩，还犯下了这么严重的错误，所以一定要重重地罚你！"

乾隆还在圣旨中详细规定了怎么处罚和怎么监督处罚措施实施到位。

琅玕读完圣旨，抬头看跪伏在下面磕头谢恩的陆费墀。陆费墀此时已神情恍惚，汗泪合流。本是一朝同僚，琅玕也无意为难陆费墀。只是在清朝，陆费墀此时毕竟是一个罪臣，琅玕也不敢多说什么，就命陆费墀领旨照办了。

不久，琅玕会同杭州织造额尔登布在文澜阁附近选定一个场所，让陆费墀在此处理文澜阁《四库全书》的一应工作。文澜阁《四库全书》完成装潢的只有两千多册，这两千多册的装潢费用，已由浙江商人捐款办理，现由额尔登布负责核算，陆费墀用自家资产赔付浙江商人。接下来的装潢、购置书格等一应费用，皆由陆费墀一力承担。江苏两阁也依此例行事。陆费墀便开始在江浙两地为南三阁之事奔波。

没过多久，江南道监察御史莫瞻菉给皇上上了一道折子，涉及南三阁的《四库全书》。这道折子由江南道来上，其实是比较合适的。因为南三阁首先是跨省的，两省巡抚只能管辖本省事务，有时候涉及两省，谁都不愿出头。另外浙江与福建归闽浙总督管，江苏、安徽和江西归两江总督管，两省又不是同一个总督。而乾隆时设有一个地方监察机构，叫江南道，负责江苏、浙江和安徽三省的吏治巡察。江南道虽然品级不高，但是直接向中央汇报工作，所以在跨省事务上有时候能发挥一些巧妙的作用。

江南道监察御史莫瞻菉听说近来发现了北四阁《四库全书》抄写中的颇多问题，又想到刚刚缮写完成的南三阁《四库全书》只经过一次校对，必定错误很多。所以上书皇帝，建议让武英殿再对南三阁《四库全书》进行校对。校对完成的书陆续发往江南进行装潢。这道折子是乾隆五十二年（1787）七月初六寄出的，大意是：

恳请皇上下令四库馆，在文渊阁《四库全书》校改完成之后，命令该校对等将另外三份《四库全书》重新校对一次。除了在文渊阁发现的错误要挖改之外，新校对出来的错误也要改，并且校对员要回避自己曾经校过的书，进行互校，互相检查。另外再增设一次复核工作。天文、乐律、医药等专门学科的书，应该发往相关衙门校办。

挖改工作还由玉保等八个人办理，加强监管，要求两个月完成。

已经发出的数千册，可以不追回了，可命令该馆校对完成后交给陆费墀装潢。所有费用均由陆费墀承担。

如再有疏漏舛误，总核大员随时指参治罪。似此就便重阅，既不至另起炉灶，即该校对等亦必各知儆惧，思赎前愆，兼以层层查校，断不能仍前草率。且三分与两阁书，悉由一时校出，庶查改不致参差，办理胥归简易，而从前恩赏议叙，亦不任其滥邀矣。

仍在避暑山庄避暑的乾隆，看到莫瞻菉的上书，微微一笑。又命人把和珅叫过来。最近涉及《四库全书》的事几乎没有好事，和珅每次听说皇上因为《四库全书》的事儿叫他，都吓得一激灵。到了乾隆的寝宫，看到乾隆面带微笑，才稍微放宽了心。乾隆说："和珅你看一下江南道送来的折子，想得比较周到。"

和珅双手接过折子，仔细读下来，然后说："这位御史倒也是真为皇上分忧，奴才以为可行。"

乾隆说："北四阁的书校了多次，还有错误，实属失职。所以重加详校，一应费用，要让失职的官吏承担。南三阁成书仓促，只校对了一遍，难免还有错误。朕说过'办大事不能无小弊'，所以也不能完全责怪缮写和校对人员。所以南三阁增加的校次，仍由原校对负责，不必更换校对互查，产生费用也不需原校对赔付。"

和珅赶紧奉承："皇上宅心仁厚，万民洪福齐天。"

乾隆说："传谕内阁去办吧。"

随行的内阁学士很快拟好诏书，发往四库馆和江浙两省。

乾隆五十二年七月初八日内阁奉上谕：

据御史莫瞻菉奏续办三分书，从前校对生监仅二十余人，又止校过一次，恐多讹谬，请将现在详校官所阅书籍签改册档，令三分书原校对蔡本俊等查对挖改，并各回避原校之书，以防回护，仍派大臣一二员总核签档。其挖补、填字、纸张、匠役及派出各员茶汤等费，均令该校对等承办等语。续办三分书，止由该生监等校对一次，其中讹谬必多，现在文渊、文源两阁业经详校官签改记档，自应将三分书查照挖改，以免舛错。着照该御史所奏，于文渊阁校改完竣，即令原办三分书校对等在武英殿悉心覆校，逐一更正。但该御史请令该校对等回避原校之书，以防回护一节，尚未妥善。三分书既系该校对等承办，即彼此互相阅看，皆系原办之人，仍难免心存回护。所有此项书籍，着令该校对等覆阅查改后，仍交现在派出校勘文渊、文源两阁书籍之大臣官员等再行详校，如有看出语句狂悖及潦草、荒谬者，详校大臣即行奏明，将原校对斥革。除书内校出错字，应行填写并抽换篇页，应令该原校对自行缮办，及收发书籍等事交原馆提调经理外，其纸张、匠役及派出各员茶汤等项，仍着照文渊、文源两阁之例，官为办理。至三分书内业经发往浙江各册，着于校勘事竣后，将签改册档抄寄陆费墀，一体遵照查改，以臻完善。折并发。钦此。

四库馆遵照乾隆的旨意，又开始重校南三阁的《四库全书》。每校对完成一部分，即运往江浙，交给陆费墀进行装潢和上架。

乾隆五十五年（1790），整个后半生都在为《四库全书》的纂修而劳碌的陆费墀郁郁而终。在他为南三阁《四库全书》装潢和庋藏奔波的这三年里，乾隆皇帝先是将他革职，然后下了好几道诏书，督促地方官对他从严看管，直骂他咎由自取。直到他去世了，乾隆还下诏，命地方官员查抄了他的家产，除留了一点给他家人日常用度外，其余全部充公，用作南三阁《四库全书》的用度。另外还籍没了他家中的藏书，专门列了个清单呈予皇帝。

当时给陆费墀治罪，除了北四阁校对问题的牵连，最主要的还是抄录和校对过程中，盖有红印的底本遗失事，这的确是陆费墀分内的事。乾隆说陆费墀本来只是个普通翰林院编修，是借着修《四库全书》被屡屡提拔到侍郎一职的，在《四库全书》修纂中受恩最厚，不应该在工作中出差错。籍没陆费墀家产后，乾隆皇帝和地方官的口风都是——陆费墀主要就是负责四库馆的工作，不应该有那么多家产，肯定是受贿了。当时抄家抄出来1500多两白银，房屋田产等全部按市价折合，加进去总共"万金"，相当于白银十万两。而史料显示，不到十年以后，嘉庆皇帝抄和珅家时，和珅家中光现银就有十亿两。

我们俯瞰一下馆臣们的工作，乾隆五十二年（1787）是一个分野。此时七部《四库全书》已经全部抄写完成了。然而馆臣们仍然有很多工作要做。首先纪昀和彭元瑞要负责详校、抽改已经入藏的北四阁的《四库全书》以及《四库全书荟要》。同时，他们二位还要校对南三阁的《四库全书》。

装潢和上架南三阁《四库全书》是一个主体性工作，这个工作开始由陆费墀负责，后期交江浙商人负责。

纂修《四库全书》还有一个总结性工作，这个重担也落在纪昀身上，即编撰《四库全书总目》和《四库全书简明目录》。

同时，乾隆还在纂修《四库全书》之余发起了一项颇遭后世诟病的工作：查缴违禁书籍。

当然，办理纂修《四库全书》产生的副产品也有为后世广泛称道的，如刊印武英殿"聚珍版丛书"、刊刻《乾隆石经》等。

陆费墀去世后，浙江商人再次接过文澜阁《四库全书》的装潢和上架工作，直到乾隆六十年（1795），文澜阁《四库全书》才全部竣工入藏，并按乾隆皇帝的一再叮嘱，面向天下读书人开放借阅。

文瀾閣排架圖

左右分儲集部二十八架　中儲子部二十二架

樓井　集止　子止　御座子起　集起

敷文觀海

轉上二層　中儲史部三十三架

井樓　梯

左右分儲經部二十架　中儲古今圖書集成十二架

御座案　御榻　經止　經起　梯

樓上

文澜阁排架图

太平军攻占杭州城，
丁松生一补文澜书

留下，如今杭州城西一个繁华的小镇，因近西溪湿地、景色秀丽而日渐闻名于世。在清代，留下这个地方还仅仅是杭州的远郊。很多人不知道，这个小镇竟与《四库全书》有着很深的渊源。

清咸丰十一年（1861），杭州百姓生活在水深火热之中。太平军自南向北席卷而来，与清军展开斗争，大半个中国狼烟四起，杭州城也未幸免于难。这年冬天，丁申（字竹舟）、丁丙（字松生）兄弟带着家眷，连同自己的藏书，迁居留下，躲避战火，以保证家人和财产的安全。

避居留下这段时间，少了很多应酬，生活倒也清静，丁丙时常到茶市街的小店里同老板喝茶聊天，往往也顺带买点茶叶。这天，丁丙照例来到茶市街沈记茶叶铺，喝了几泡茶之后，丁丙又买了一包茶叶。丁丙带着茶叶回到家中，呼来兄长丁申："来来来，沈老板那儿来了新茶叶。"一边说着，一边打开了茶叶包。坐在边上的丁申眼前一亮，说："等等，包茶叶的这张纸看着眼熟。"丁丙仔细一看："是啊，这不是文澜阁本的《四库全书》吗？"

丁丙像及其藏书印

　　乾隆皇帝敕修《四库全书》完成后，抄写了四份，分藏于宫中的文渊阁、圆明园的文源阁、承德的文津阁和奉天的文溯阁，即所谓"北四阁"。为方便江南士子查阅、抄录，又诏造扬州文汇阁、镇江文宗阁和杭州文澜阁，即所谓"南三阁"，分别抄录一套《四库全书》置于阁中。藏在文澜阁的这套《四库全书》面向浙江士子开放，所以丁申、丁丙兄弟都曾在孤山下看过这套书。

　　兄弟俩当即脸色大变，觉得此事非同小可。丁丙说："必是文澜阁在战乱中无人看管，或遭匪类趁火打劫，阁中藏书恐已散出。"丁申赞同道："所言极是，我们得尽快设法摸清情况，抢救这套书。"

　　当晚，兄弟二人就趁着夜色潜入西湖边孤山脚下的文澜阁，发现门窗已经毁坏，阁书散落满地。二人当即决定尽快将散落的书册捆扎起来，设法运出杭州城。此后多个晚上，兄弟二人都潜入文澜阁，整理残存的阁书。最后又从留下雇来马车，一车车悄悄地把书运到西溪风木庵他们父亲的坟庄里。高两尺左右一捆的书被陆续抢救出来，最后抢救出了 800 多捆。

兄弟俩坐在坟庄中一个小屋里，暂时松了一口气。

丁丙："从抢救出的书的册数看，大概也就整个丛书的四分之一。"

丁申："可能大部分阁书已经被盗出，作为废纸流入市井了。"

丁丙："战争范围还在扩大，杭州城周边地区也在不断被波及，藏在这里也不是长久之策。"

丁申："上海有很多洋人的租界，受到战火威胁的可能性相对较小，与杭州的距离也不算太远，不如到上海洋人租界联络一处秘密所在，将阁书暂时存放进去。"

兄弟俩一拍即合。

丁氏昆仲当即书信联络上海的朋友，终于辗转在法国租界找到了一处居民楼，可以暂存这套《四库全书》。

杭州府学

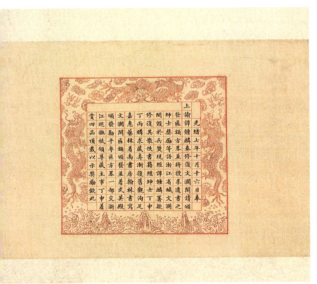

〔清〕佚名《文澜补书图》

〔清〕杨复《文澜归书图》

兄弟俩组织了一个车队，亲自押运这 800 多捆书，前往上海。车队行至杭州与海宁交界处时，远远看见一队太平军拦住了去路。太平军一个小头目厉声喝道："来者何人？拉的什么东西？"兄弟二人料定小头目对这些"废纸"不感兴趣，因而表现得从容镇定。丁丙上前施礼道："各位军爷，我们是做造纸生意的，从杭州收了一批废纸，准备拉到上海去化浆造纸，不料冲撞了各位军爷，该死该死。"那小头目本来就不太在意这些上了年头的"废纸"，便很痛快地放行了。800 多捆书最终安全运抵上海租界。

太平军李秀成部开始攻打上海，受到了洋人组织的洋枪队的阻击，最终没能攻下上海。随后，太平天国出现了一系列战略上的失误，其内部也发生了分裂。形势急转直下。清军逐渐占据优势。

几个月以后，杭州又恢复了往昔的平静。丁氏兄弟一直关注着时局，见事态趋于稳定，便又将这套残存的《四库全书》运回了杭州。

浙江巡抚左宗棠十分感佩丁氏兄弟奋力保存旧籍的行为，上表破例封丁丙为知县，发江苏任用。兄弟二人

圖書歸瀾文

本无意仕途，固辞不赴任。

安顿了些日子，丁丙邀来丁申商议："如今时局渐趋稳定，可我们抢救出来的阁书，实已不足四分之一，阁书散落各处，须尽早追回，时间久了恐怕就再也找不回来了。"于是，兄弟二人开始征集散落各处的文澜阁《四库全书》，以自家财产，用将近十年时间，又从各处搜购回《四库全书》300余册。

到了光绪六年（1880），浙江巡抚谭钟麟找到丁丙："丁先生，文澜阁是浙江文化的象征，今已颓圮多年，阁本《四库全书》一直由先生维护，个中艰辛，日月可鉴。本官有意募资重修文澜阁，不知先生意下如何？"丁丙说："重修文澜阁是大大的好事，丁某不才，愿效犬马之劳。"谭钟麟接着说："实不相瞒，目下百废待兴，朝廷并无多少资金用于经办此事，其中人力物力，也需要利用先生的影响力，广为筹措。"丁丙说："大人且莫愁苦。文澜阁四库乃浙省文脉所在，两浙士子无不景仰，倡议一出，海内浙省学人定会解囊襄助。"

丁丙随即拿出信笺，致书海内外浙籍友朋："阁书如今四不存一，殊觉可惜。散失诸书追讨多年，仅得

300 余册，缺失尚多。丁某受谭使君之托，代为筹措文澜阁重修之事。又发愿补抄阁书所缺部分，万望广大浙江学人出手襄助。"倡议有钱出钱，有力出力，贡献不拘巨细均是功业。

丁丙广泛发动自己的朋友，朋友又发动朋友，如此一传十，十传百，消息不胫而走，在浙江文化界引发了震动。浙江士子纷纷表示赞成，并愿提供帮助。两年内，丁丙为重修文澜阁和补抄《四库全书》筹措到了资金51600缗。

文澜阁建筑重修完成后，谭钟麟组织在文澜阁举行了一个不大不小的庆祝仪式，邀请散在全国各地的浙江籍文化名人前来参加。谭钟麟购得知不足斋藏本《古今图书集成》一套，丁氏兄弟捐献所藏《全唐文》一套，与《四库全书》残卷，共同藏入新落成的文澜阁。

光绪八年（1882），补抄工作正式开始，文澜阁《四库全书》重新展开了波澜壮阔的画卷。丁丙、丁申从自家藏书中择取珍本、善本为底本，组织人员对文澜阁《四库全书》丢失部分进行补抄。后来，丁氏兄弟亲自前往宁波、湖州等地，寻访天一阁、嘉业堂等江浙著名藏书楼，借抄稀见珍本，作为补抄底本。

弹指间又是七个春秋，丁氏兄弟带领补抄队伍，焚膏继晷，补抄了 2174 种书。从品种数上看，文澜阁《四库全书》已经恢复了十之八九。又因为丁氏主持补抄所用底本多是从江浙地区藏书家借来的珍本、善本，其底本价值实际超过了乾隆时原抄本。这场为文澜阁《四库全书》续命的工程，耗时 27 年之久，为我国传统文化的传承和发展，特别是浙江和杭州地方文化事业的传承和发展，做出了巨大的贡献。

在参与补抄工作的人中，有一个人在 20 余年后，将接过主持补抄的接力棒，继续为文澜阁《四库全书》续命，他就是浙江归安人钱恂。

光緒七年十月十六日內閣奉

上諭譚鍾麟奏修復文瀾閣請頒發匾額方略並

將搜求遺書之紳士獎勵等語浙江省城文瀾

閣毀於兵燹現經譚鍾麟籌款修復其散佚書

籍經紳士丁申丁丙購求藏弃漸復舊觀洵足

嘉惠藝林著南書房翰林書寫文瀾閣匾額頒

發並著武英殿頒發剿平粵匪方略一部交浙

江巡撫祗領尊藏主事丁申著賞加四品頂戴

以示獎勵欽此

兵部尚書升任陝甘總督前浙江巡撫臣譚鍾麟恭錄　布政司銜前兵部……臣……時帆謹勒石

奖励浙江修复文澜阁上谕　光绪御碑

张宗祥玉成红楼事，
钱念劬二补文澜书

杭州的夏天虽然炎热，但是长时间的晴朗却为人喜爱。湛蓝的天空点缀着白云，令人心情舒畅。太阳逐渐西沉，在西湖与群山相接的地方，抹开几缕着色的烟霞，鸥鹭翩飞。浙江图书馆馆长钱恂偕妻子单士厘又完成了一天的工作，他们已经在孤山脚下的书库里忙碌了一个月，如今这项工作终于要收尾了。去年这栋楼开始建造的时候，还是大清的天下，如今这栋俗称白楼的藏书楼投入使用一个月时，民国已经成立半年多了。

单士厘誉写完《壬子所存文澜阁目》的最后几行字，长吁一口气，把目录递给丈夫过目。钱恂大喜过望，连声向妻子道"辛苦"。浙江图书馆的书入藏白楼后，单士厘一直在帮助丈夫做一个工作，就是清点和排查馆中现存图书的情况，最终编成了这部《壬子所存文澜阁目》，通过这个目录，钱恂可以大致掌握馆藏资源的体量、种类以及他最为关心的文澜阁《四库全书》的存佚。

1911 年 10 月，辛亥革命爆发，炮火在全国各地燃烧，清王朝无法阻止浩浩荡荡的历史潮流，几个月后就不复存在了。取而代之的是中华民国。民国政府提倡新式教育，兴办新式学校，建立新式公共机构。全国各地，在旧式藏书楼和书局的基础上，兴建、改建公共图书馆，由政府派员维持。民国成立以后，浙江图书馆第一任馆长（始称总理，不久后改称馆长），就是20多年前参与过丁氏补抄文澜阁《四库全书》工作的钱恂。钱恂的妻子单士厘虽然裹着小脚，却是一位文化修养非常深厚的女子，她跟随钱恂游历欧洲诸国，写了《癸卯旅行记》，钱恂担任浙江图书馆馆长后，也一直能给予钱恂业务上的支持。

钱恂，字念劬，别号受兹室主人、积跬步斋主人。出生在浙江归安（今属浙江湖州）。钱恂可以说家世显赫，他的父亲钱振常曾中过同治年间的进士，一个弟弟是后来著名的语言学家钱玄同，钱玄同之子钱三强，则在中华人民共和国成立以后，成为首屈一指的科学家。一馆之长，对于钱恂来说，职位并不算高。光绪十六年（1890），钱恂以直隶候补县丞随薛福成出使英国、意大利、法国、比利时诸国。后曾任出使荷兰、意大利大臣。任内兼充海牙和平会议议员，同陆征祥代表中国政府参加第二次海牙和平会议，并成功解决了中国在荷兰属殖民地设领事馆问题。民国成立以后，担任图书馆馆长，实出于对中华文化的无尽热爱。钱恂能出任浙江图书馆馆长，很可能是缘于对馆藏的文澜阁《四库全书》的感情。

宣统三年（1911），也就是清王朝的最后一年，浙江地方政府决定在文澜阁西侧建一座楼来藏书。楼未成而清已亡，直到次年夏天，这栋楼才建成，因其外表是白色，与其并立的是一幢红色的楼，故俗称白楼、红楼。这年年初就接受委任担任浙江图书馆馆长的钱恂，在白楼里工作了几个月，一直致力于古代典籍的妥善保管。他每天除了在白楼里工作，还会在孤山下踱步，思考一些问题。也时常遇到一些浙江政界的要员，在红楼里进进出出。

民国初年新建的浙江图书馆全景（上为白楼，下为红楼）

这一天，他终于做出了一个思考了很久的决定。

他命令所有馆员一齐出动，带上工具，捅开了隔壁红楼的门墙。按照他事先设计好的陈设方案，让馆员布置书架、桌子等一应物品。再全员上阵，将白楼里珍藏的文澜阁《四库全书》全部搬到了红楼里。整个行动迅雷不及掩耳，很多人不知道发生了什么。

原来这是钱恂深思熟虑的一个计划。西湖边、孤山下这一带，水气极盛，环境潮湿，不利于古籍的保存。这种环境又容易滋生白蚁，对建筑、书架和古籍本身造成伤害。而白楼的建造质量并不甚高，防潮工作做得不好，钱恂一直很不满意。西邻一墙之隔的红楼，则是考究得多的建筑。这栋红楼是光绪三十二年（1906）为了招待访华的德国太子而建造的行宫，建筑质量非常好，防潮效果也好。后来一直为地方政府把持，民国建立以后，这里成了地方军政要员的娱乐场所，一干红男绿女在这里歌舞升平。钱恂看在眼里，不禁喟然长叹："西湖歌舞几时休啊！"

不出所料的是，此举果然引起了浙江地方权贵的不满，一纸诉状告到了浙江省教育司司长沈钧儒那里。当时主管社会教育的是朱希祖、沈兼士和钱玄同。沈钧儒就找三人来商议。

沈钧儒说："此事牵扯不小，于今最好的计策自然是息事宁人，你们最好去找钱恂谈谈，看看他有没有可能服个软，把书再搬出去。"

钱玄同一番苦笑："司长大人，您不是不知道，念劬是我族中兄长，我这位兄长向来十分严厉，我自幼怕他几分，这件事我是断然不敢出面的。"

沈钧儒也很无奈，又问朱希祖和沈兼士。

两人对看了一眼，朱希祖说："司长您有所不知，念劬先生与我们的恩师章太炎先生是故交，往常在太炎先生处也见过很多次。念劬先生跟太炎先生很像，脾气大得很。这事我们两个去，必惹他雷霆怒起，对我们一番痛骂。我们也不敢去。"

张宗祥像及其藏书印

沈钧儒说："那可怎么办？也不能连个回应都没有。"但是三个属下都表示没办法，便怏怏然散了。

沈钧儒想到一个人，当时浙江省教育司中等教育科科长张宗祥，这位海宁人据说跟钱恂关系还不错。

沈钧儒就叫来张宗祥，将事情的原委跟张宗祥说了一通。问张宗祥，是否可以去沟通一下。

张宗祥说："去当然可以去，但是有一个基本的问题必须搞清楚。这幢洋房，到底是供人聚会或者赌博好，还是藏书好？"

沈钧儒说："那还用说？当然是办正事用好。"

张宗祥说："好，有您这句话我就放心了。来举报的无非是想把这幢洋房占据用作俱乐部的人，最多不过是挑动省议会来个质问，到时候省议会真要来质问，大不了我替司里出席质询会进行答复。"

沈钧儒当即应允，张宗祥便赶往孤山去了。

到得孤山，一进院门，钱恂看到张宗祥来，直接就说："阆声兄（张宗祥，字阆声）来得正好，快来随我看看文澜阁《四库全书》的新贮处！"便急不可耐地带着张宗祥进了红楼，张宗祥一看，各个书橱，排列得整整齐齐，的确比先前安置得更为妥善了。

看完之后，两人一起到客厅。张宗祥说："我正是为了红楼的事来的。教育司接到举报，说您占了这处房产。沈衡山（沈钧儒，字衡山）司长差我来谈谈这事。我也直接问过他，关于房舍的用途，他也觉得用作藏书更好。但是，既然有人来挑事了，事情总要有个解决。念劬兄可否写一封书信给司里，把这事说清楚？"

钱恂说："当然没问题，我这就写。"

钱恂到隔壁自己的办公室，拿起笔来，刷刷点点，把事情的原委交代清楚。张宗祥便带着这封书信回到了教育司。

不久后，地方议会例行开会，沈钧儒代表教育司提出此事，商议红楼的归属问题。根据钱恂的信，沈钧儒强调了浙江图书馆以及文澜阁《四库全书》的重要性，陈述了图书馆馆舍紧缺、简陋的客观困难，梳理了红楼的历史，提议将红楼永久划归浙江图书馆使用，用于浙江文脉的传承。

由于地方高官将此前清建筑用作娱乐场所，本来就不光彩，所以在政务会上，并没有多少人敢摆到台面上来提反对意见。地方议会当即决定，同意沈钧儒的意见，将红楼划拨给浙江图书馆。从此，红楼成了浙江图书馆的一部分。如今，孤山馆舍里这几幢楼，还成了浙江省文物保护单位，这都是跟当初沈钧儒、钱恂、张宗祥的努力分不开的。

钱恂在浙江图书馆和文澜阁《四库全书》的历史上写下了浓墨重彩的一笔，但是他当馆长的时间其实并不长。这是钱恂人生的一次变革，更是文澜阁《四库全书》的一次机遇。就在 1912 年的 11 月，钱恂就奉调北上，到北京担任临时大总统袁世凯的顾问和参政院参政。

钱恂担任浙江图书馆馆长期间，主要精力放在了妥善安置馆藏图籍的工作上。他工作的第二步计划其实是补抄文澜阁《四库全书》。

即将离开杭州的钱恂，无法放下仍然残缺不全的文澜阁《四库全书》，临行之时，他呈请浙江军政府将浙江图书馆的 4000 元抄书费拨付给他，用来作为补抄文澜阁《四库全书》的启动费用。他自己又另外筹措了一些经费，专用于这项工作。到京之后不久，一贯深思熟虑、一步一个脚印的钱恂就着手展开补抄工作了。

钱恂在北京公务十分繁忙，交往的人也非常多，各界名流云集，这是杭州所无法比拟的。在军界、政界、文化界都有很多在北京谋求发展的浙江人。北京的冬天十分寒冷，但是钱恂并不以为苦，多年的游历生活增强了他对气候的适应能力。寒冷的天气让人觉得生活节奏慢了很多，钱恂则利用空余时间为文澜阁《四库全书》奔走不已。他始终秉持一种信念，要充分激发浙江士人对故乡和对文澜阁的感情，以此发动全国各地的浙江人为文澜阁《四库全书》成为完帙而共同努力。

1914 年冬天的一个上午，北京城沐浴在冬日暖阳下，街巷上隔三差五是曝背谈天的人堆儿。一位身着宝蓝色棉袍、头顶着绒线帽的先生，穿街越巷，来到受璧胡同，找到了钱恂的住处。这里到袁世凯设在中南海的总统府，步行只需要半个多小时，钱恂刚在这安顿下不久。来者看上去是一个文化人，因为在他的鼻梁上架着一副圆框眼镜。他叫包公超，字蝶仙，是浙江人，祖籍浙江吴兴，长居杭州，钱恂在浙期间，曾与之有过几次交往。在浙江方言里"蝶"和"迪"发音很近，也有人称他"迪仙"。包公超目下是一位书画教员，他画的山水、花鸟、仕女皆声震海内。

钱恂的会客厅里生着炉子，十分温暖。包公超从外面进来，眼镜马上蒙上了一层雾气，他摘下眼镜，从口袋里掏出一块手帕，擦了擦两个镜片。重新戴上眼镜，看到钱恂已经站起来迎了过来。握手寒暄，分宾主落座，钱恂命人看茶。

包公超脱下自己的绒线帽，问钱恂："念劬兄此次来京，得大总统重用，经略军国要事，因何如此火急火燎催我一介书生前来？"

钱恂说："哎呀，惭愧惭愧，钱某于经邦治国上并无些许高见，也是谋个差使，混口饭吃而已。倒是有一事，亟望蝶仙兄施以援手。"

包公超有些好奇："请兄明示。"

钱恂说："兄定然知道，文澜阁《四库全书》乃我浙省文脉所在。然太平天国一役，阁书损失惨重，虽得松存先生昆仲极力搜救、补抄，迄今仍非全帙。钱某昔从松存先生补抄阁书，发愿延续先生未竟之事业。然不才掌浙江图书馆未及一年，补救阁书之计未及展开，即奉调来京，此事始终无法释怀。"

包公超听完，露出赞许的神情："念劬兄有如此胸怀，倒叫包某钦佩。后续有何打算？"

钱恂说："兄且听我说完。我本觉得远在千里之外，阻隔较多，补抄之事不知何时才能重提。然而到京之后，见一时俊彦皆集于此，尤其两浙士子，在京尤多。无论人才、钱财、补抄所需底本，各方条件，京城皆不下于杭州。另外，补抄一事，只要报酬合理，底本到位，抄工并不难找。然而阁书所缺，尚有多种图册，必得画功超群者任之。弟今冒昧延兄前来，冀望兄能担此大任。不知蝶仙兄意下如何？"

包公超听完，也有些激动："钱兄竟有这般宏伟计划，包某不才，定效犬马之劳。"

钱恂说："我已与教育部长商定，可将文津阁《四库全书》部分图籍，借到寒舍，供抄补之用。不妨自《离骚图》与《西清砚谱》二种抄起，兄如不嫌弃，请暂住寒舍中，以免奔波之苦。"

包公超说："如此也好，那就在兄府上叨扰了。"

钱恂深知，只要经费还算充裕，请人抄写文字并不困难，但是这些有图的文献，就不是随便什么人都能抄的了。必须既通古代典籍又擅长绘画，同时还要对补抄工作心怀使命感，这样才能既有能力又有定力去保质保量地完成补抄工作。钱恂自然就想到了这位在画界颇有声名的同乡。

对于补抄工作，钱恂很快就有了自己的打算，在脑子里画了路线图。通过在浙江图书馆任上几个月的排查，他对阁书的存佚情况已经了然于胸。他认为现在在京条件允许，应该先请人补抄底本在外省不易获取的带图文献，便请包公超先开始补抄《离骚图》和《西清砚谱》等图籍，其中《离骚图》是极细致的人物画，非包公超这样的画家无法胜任。

后来，包公超就住进了钱宅，钱恂除了按市价付酬，还照管包公超的一应日用开销。钱恂同时也做好内外联络工作，与教育部沟通将这两部书提到部中。书是京师图书馆所藏，当时京师图书馆已经开始往安定门搬迁，新馆在东北角，交通不便，又没有可供工作的房屋，所以就把书拉到教育部来。包公超每天像上班一样到教育部描摹这些图书。

钱恂"乙卯补钞"本
《西清砚谱》书影

阳光透过窗棂照进来，经过了严冬的寒冷，北京的春天显得尤其可贵。春日的暖阳和和煦的春风，也为包公超和参与补抄的抄工们鼓足了干劲。

在千里之外的杭州，一整个冬天未曾停歇的冬雨，开始变得断断续续。就像很多东西不是循序渐进的，杭州的春天也仿佛是突然到来的。人们有一天突然发现，雨不冷了。很多人开始了久违的户外活动，杭州人一有机会就会去西湖边走走。但是今年的初春，单丕和陈瀚两人却没工夫出去走了，他们受钱恂之托主持杭州补抄文澜阁《四库全书》的工作。

这是 1915 年北京和杭州的一番景象，钱恂组织的文澜阁《四库全书》补抄工作全面铺开，钱恂募资印制了专门的稿纸。补抄工作在北京和杭州两地同时展开，钱恂在北京专门成立了一个小团队，由他亲自主持，底本皆用文津阁本；杭州则由单丕和陈瀚二人主持，以浙江图书馆为班底，仍以丁丙的思路，甄选江浙所藏善本为底本。

1918 年，正在北京家中主持补抄工作的钱恂收到一封信，拿到一看知是浙江省议会寄来的一封公函。信的主要内容是要求钱恂汇报带走的 4000 元钱的使用情况。钱恂是性情中人，既对自己的人品有充分的自信，又十分厌恶议会的喋喋不休，索性就将询问函一揉，扔进了字纸篓里。从此以后，议会每开会一次，钱恂的字纸篓里就多一份询问函。在这件事的刺激下，钱恂也不再按约定将北京补抄好的书寄到杭州。

一转眼，八年过去了。历史的车轮来到了 1922 年，这一轮补抄工作虽尚未如愿使文澜阁《四库全书》成为完帙，但各方面条件都预示着补抄应该告一段落了。这天，钱恂在受璧胡同家中摆下了酒宴，为一位浙江同乡饯行，这位同乡在我们之前的故事里出现过，也将在之后的故事中与文澜阁《四库全书》的命运紧紧连在一起，他就是时任教育部视学兼京师图书馆主任的张宗祥。这次张宗祥离京也不是去别的地方，正是要回到家乡浙江，担任浙江省教育厅厅长。这次饯行酒宴也并无外人，请了单丕、钱玄同和钱稻孙。单丕是钱恂的小舅子，钱玄同是钱恂的堂弟，钱稻孙则是钱恂的儿子。

席间，趁钱恂离席不在，单丕和钱稻孙向张宗祥提起浙江省议会发函询问款项支出的事，现在项目要告一段落了，总不能一直跟浙江省议会僵着，得想个妥善的办法解决。张宗祥说："向钱老要各种收据，那肯定是不会有的，他当然要恼火。估计大部分支出是给包公超发工资了，不妨先把包公超的工资收据拿给我，我带到杭州去，给议会一个交代。幸好现在包公超已经回到杭州，可以随时出面解释。我想省议会肯定也不会认为钱老真的贪污了什么钱，只是双方闹闲气罢了。"钱稻孙就去找出了一批收据交给张宗祥。张宗祥接着说："北京所抄的书呢，也由我带回杭州，等省议会开会时，我打个报告上去说明一下情况。到时候书就交给浙江图书馆，插到文澜阁《四库全书》里，这事儿就这么了了。"

几日之后，张宗祥正式南下返回浙江，他看到钱恂补抄的成果和清单，对于钱老的精神深感钦佩。这次补抄，共得缺书 33 种，268 卷。而且其间购回旧抄 182 种，遂抽出新抄，插入原抄，复还原貌。钱老这次补抄实际花费了 6200 多元，远远超过了浙江省划拨的抄书经费，经费的缺口全部由钱恂募集补充。

后来的浙江图书馆馆长陈训慈先生在《西湖与文澜阁》文中曾如此评述其事："乙卯补抄之役（民国四年）

归安钱念劬（恂）先生曾躬与丁氏补抄之役，逮民国元年受任长图书馆，阁书适以其时归馆，乃重编阁目，以全缺及缺卷者为待访书待访卷。公既去职北上，乃谋诸旅京浙人，倡据文津阁本以抄补文澜缺卷之议，呈准总统，于四年设补抄阁书馆于北京 [驻杭校理为单不庵（丕）、陈瀚二公]，八年之间，写成缺书十三种，缺卷二十种，又从坊肆购回旧抄百八十二种，以易丁抄，计费银六千二百元（公款以外，钱公又募得千余元以足之），是谓'乙卯补抄'，虽功犹未竟，实开后此在京续抄之先河。"

1927 年 2 月 24 日，钱恂因病在北京逝世，享年 73 岁。钱恂去世后，其弟钱玄同为长兄撰写了一副挽联，精当地概括了钱恂的一生：

卅载周游，用新知新理，启牖颛蒙，具上说下教精神，宜为国人所矜式；一生作事，务自洁自尊，不随流俗，此特立独行气象，永诒子弟以楷模。

横批：大兄不死。

学者李燕专著《克绍箕裘续家声——吴兴钱氏家族文化评传》曾引用《张之洞全集》第二册收录的张之洞对钱恂的保荐人才折。

光绪二十一年（1895）年底，张之洞曾向清廷举荐，称赞他："学识淹雅，才思精详，平日讲求洋务，于商务考究甚详，嗣两次经出使大臣奏带出洋，经历俄、法、德、英诸国，并此外各国亦经该员自往游历，于外洋政事学术确能考索要领，贯澈源流，期于有裨实用，不仅传说皮毛，以炫异闻，臣所见近日通晓洋务之员，其密实知要，未有能过之者。凡委办之事，必能澄心渺虑，审度时势，裁断敏速，能言能行，实为切于实用之长才。"

众乡贤解囊襄盛举，
张宗祥三补文澜书

　　由杭州开往上海的列车在杭嘉湖平原上穿梭着，这
段旅程需要十个小时，乘客们大多已经熟睡，张宗祥出
神地看着茫茫夜色，思索着这次沪上之行的种种安排。
不久前，他刚刚从教育部奉调南下，担任浙江省教育厅
厅长。回到杭州这段时间，他把主要精力都放在了跟文
澜阁《四库全书》补抄有关的事上，这几天各处闪转腾挪，
经历的事像放电影一样在脑海中浮现。

　　1922 年的秋天，吃过钱恂的饯行酒，辞别了京中一
应好友，张宗祥随即南下，回到浙江担任教育厅厅长。
他的家乡海宁离杭州不足一百五十里地，两地人民饮食、
风俗、方言都十分接近。中学即到杭州高级中学求学的
张宗祥，在京工作几年，如今又回到杭州，生活上熟悉
的味道令他心情愉悦。而张宗祥最为牵挂的还是孤山脚
下的文澜阁《四库全书》。

　　钱恂在北京组织补抄的文澜阁《四库全书》不久运来，
此时浙江图书馆的馆长是章篯。章篯，字仲铭，余杭人，
原名章炳业，在家中行二，大哥章炳森（后改名章篯），
三弟就是著名学者、革命先驱章炳麟（号太炎）。章篯
跟张宗祥是乡榜的同年，精通目录版本之学，两人十分

熟悉。

张宗祥亲赴孤山看着馆员将"乙卯补抄"的阁书一册册按照四部分类法放到红楼的书架上，又想到这套《四库全书》经历战乱残损不全以来，虽经两次补抄，至今仍非完帙，心中一个信念坚定了起来：要将补抄事业继续下去。

来到章篯的办公室，张宗祥说："仲铭兄，现在要继续补抄工作，还需要做一件事情。新抄的这部分书上架了，要拿念劬老的目录——登记进去。另外原来的目录要再跟库书核对一遍，把接下来需要补抄的条目理清楚。此事要劳烦兄与馆中诸位同仁了。"

章篯点头应允。

张宗祥又说："另外还有一事，继续补抄必然需要大量稿纸，此事也请兄操办。印朱丝栏，务必保证印刷质量，红色要经水不褪。"

章篯表示责无旁贷。

没过几天，张宗祥去拜访了包公超，此时包公超已经完成了钱恂安排的补抄工作，回到杭州继续在学校里担任教职。见面寒暄以后，张宗祥说明了来意："念劬数年来给兄发的工资，悉从浙省议会拨付的款项中出，目下补抄工作要做一个终结，我得代念劬兄去省议会报个账。年来收的工资，需要包兄开一批收据，以证明确实使用了款项。"包公超自然全力支持，拿出纸笔开具了近几年所收工资的收据。

处理钱恂和省议会的关系，对张宗祥来说虽然不是难事，但也对他有一些触动，此事使他深知国民政府的钱不好花，拿人家的钱就受人牵制，少不了很多麻烦。

浙江省议会的例行咨询会如期召开了，过去四年多，会上每次都会形成一份向身在北京的钱恂催交文澜阁《四库全书》补抄成果和经费使用状况说明的函。这次会议，张宗祥以浙江教育厅厅长的身份参会，接受了议会的咨询。张宗祥说："八年来，钱念劬先生以浙省文脉传承为己任，义务地承担了文澜阁《四库全书》补抄的组织工作，带领京浙两地浙省同仁，勠力同心，补写成缺书13种，缺卷20种，又从坊肆购回旧抄182种。如今这批成果，已经运抵杭州，庋藏于孤山下浙江图书馆书库内。念劬其心日月可鉴。经年所需经费，绝非我省拨付的4000元所能满足，念劬利用私人关系向社会募集了2000余元，方促成此事。今各类支出票据在此，呈请诸位议员过目。"在场的议员本来也是各方势力的代表，并不十分关心此事，也没有几个人真跟钱恂过不去，事情就这样尘埃落定了。

忽一日，一位中年人来访张宗祥。

他叫堵福诜，字申甫，号屹山，别号冷庵，浙江绍兴人，生于光绪十年（1884），光复会成员，曾就读绍兴大通学堂，家境富有。他是张宗祥在浙江高等学堂任教时的学生。后来成为南社社员，曾任浙江模范小学堂长、浙江两级师范学堂（后改名"浙江省立第一师范学校"）书法教师和学监、舍监，还曾任浙江公立农业专门学校、浙江省立女子师范学校、上海仓圣大学、浙江大学教职。在浙江省立第一师范学校任教时曾为"乐石社"之主要成员，1918年2月至3月间曾随经亨颐访问日本、朝鲜，考察教育，后辞去浙江省立第一师范学校教职，一直赋闲。

张宗祥仍约略记得这个学生，聊了一些当年的往事之后，堵申甫说明了来意："老师，我家里多少有一点积蓄，生活并无太大问题。但是正值壮年，还是想找个事做做。"张宗祥问："你愿意做哪一类的事？"堵申甫说："希望做点有意义的事，能使后人知道一点我的姓名的那种。事情大小，在所不计。"张宗祥心想，补抄文澜阁《四库全书》正在用人之际，这个学生如果是一个可用之人，未尝不可一用。张宗祥心里这样想，但没有说出来，只是答应他，若有这种机会，必定找他。

张宗祥坐在座位上不知何时迷迷糊糊睡着了，听到列车员报站，上海北站到了。张宗祥揉了揉惺忪睡眼，整理行李下车。就像往常到上海办事一样，找到了一家叫"三泰"的小旅馆，开了一个钟点房。这是海宁人到上海常住的一个小旅馆。

张宗祥在小旅馆迷瞪了几个小时，便赶忙起床。收拾停当之后，坐上了一辆黄包车，此时晨光熹微，崭新的一天就要开始了，一项彪炳千秋的事业也迎来了曙光。

黄包车赶往实业家周庆云的宅邸。这位周庆云，字湘龄，是浙江湖州乌程人，出生在上海。他是一位富有气节的民族企业家，清末经营盐业致富，后为维护路权，抵制英国资金，筹集国内资金修筑沪苏甬铁路。另外还投资丝厂等，并创立了浙江兴业银行，在商界极具号召力。

张宗祥到了周庆云的住所门口，宅子十分气派，上写三个大字"晨风庐"。他跟下人说："我是张宗祥，来拜访周先生。"下人说："您稍等，我去通禀一下。"过了一会儿，远远听到门内传来说话声："哎呀，冷僧一路辛苦，快进来，快进来，到屋中叙话。"循着声音过去，见周庆云走在下人的前面，朝大门过来。张宗祥

周庆云所作《补钞文澜阁四库阙简纪录·弁言》书影

赶忙上前握手，道："湘舲兄，冒昧叨扰了。"

二人到客厅落座，周庆云命给客人上茶。

周庆云道："兄此次前来有何公干？"

张宗祥说："文澜阁《四库全书》补抄的事，想必兄也深知。经过丁氏兄弟和钱念劬老两次补抄，仍未完成。现在机会好，可据文津阁抄配。我估计此事要启动，总得有个两三万元，我此次是来募款的。"

不等周庆云搭话，张宗祥接着说："详细的计划还没有，只是想到几条原则，想跟湘舲兄商议一下。"

经过一夜舟车劳顿的张宗祥略显疲惫，但是说到他的计划，仍然透着坚定。他喝了一口水，开始向周庆云谈起他的一些思考：

"我来找湘舲兄，主要是谈谈关于募资的想法，现在最大的困难就是经费。一方面省政府已经没钱了，教育厅的留学经费已经拖欠了半年多，没法向省政府要钱。另外，省里的钱也是不好用的。钱念劬老离任赴京时，从省教育厅带了 4000 元作为补抄经费，经年以来，4000 元并不足用，他自己又募得 2000 余元，投入补抄用度。就因为拿了这 4000 元钱，四五年中收到浙江省议会催交成果和开销凭据之函无数。省里的钱用起来麻烦，我这第一条原则：不向公家要钱。

"文澜阁《四库全书》，与另外六阁阁书有所不同，虽同是前清皇帝钦定的，但是文澜阁书实由浙省官民一力促成，因而也是浙省文脉的象征。后来阁书惨遭燹祸，又是丁氏兄弟和钱念劬老募集浙省人力、物力、财力组织补抄。所以我想这第二条原则：补抄一应开销，只向浙省人募资，若非浙省人，即使富可敌国，也不募。

"第三条原则：在省外做官、经商的浙省人，可以募集一些资金；浙江省各府最好都有人能捐助；每股定额500 元，如果财力不足，可以多人合一股，如果不成股，就不要了。"

周庆云听完张宗祥的募资计划，觉得说得非常有道理，他站起来说："冷僧所言极是，我很赞成，钱我帮你募，不限于湖州，凡是浙江人可以应募的，我都尽力为之。你几时回去？"

张宗祥说："我告辞之后就去找张菊生（张元济），谈好之后，明天早车回去最好，早车要是赶不上，最晚下午也一定要动身回去了。"

周庆云又说："这样吧，我明天早上到三泰来看你。

既然你忙，我们也不耽搁，明天中午在我家吃中饭，我约几个人，连菊生在内，大家当面谈谈如何？"

张宗祥说："如此至为感激。"说着一抱拳。

周庆云说："嘿，这是哪里话，能为浙人文脉略尽绵力，实是错蒙我兄信赖。"

张宗祥说："那我马上去找菊生，募款之外，补抄的其他事宜也跟他商量一下。"

周庆云将张宗祥送到大门口，抱拳告辞。

张宗祥离开晨风庐，又叫了一辆黄包车，前往闸北宝山路的商务印书馆编译所。大概半个小时时间，张宗祥在编译所门口下车。进了编译所大楼，找到了总经理张元济的办公室，张元济见到这位同乡的本家，同样十分热情，似有很多话要说。

张元济，字筱斋，号菊生，出生在广东，祖籍是浙江海盐。海盐与海宁同属嘉兴府，在地理关系上也是极近的。张元济此时已蜚声中外，是杰出的版本学家、出版家、教育家。他跟周庆云一样，是实业救国的领军人物。张元济出身于名门望族，书香世家。考中了光绪壬辰（1892）科的进士，散馆任总理各国事务衙门章京。主张维新，戊戌变法时被光绪帝破格召见，痛陈政治主张。政变后被革职。革职后南下上海，任职于南洋公学，管理译书院事务兼总校。在校期间改编原著，重译兵书，翻译社科书籍，后任公学总理。

夏瑞芳、鲍咸恩、鲍咸昌、高凤池等人于 1897 年创办了商务印书馆，1901 年，张元济得到夏瑞芳等人的赏

识，加入了商务印书馆，并主持商务印书馆的编译工作。
1903 年，张元济开始担任该馆编译所所长。从 1916 年
开始，张元济担任商务印书馆总经理，主持商务印书馆
的各项工作，商务印书馆的出版工作开始蒸蒸日上。特
别是在中国传统文化著作出版方面，商务印书馆成为一
个重镇。张元济本人也在学术界和商界都声名远播，成
为跟鲁迅、蔡元培等人一样，具有全国影响力的浙江人。

　　落座奉茶后，张元济也跟周庆云一样，对见到张宗
祥十分高兴，而且张元济知道张宗祥肯定是为补抄文澜
阁《四库全书》的事而来。张元济直奔主题："冷僧兄
此来，可是为补抄文澜阁《四库全书》事？"张宗祥笑说：
"哈哈，正是正是。"张元济问："想必兄胸有成竹了吧，
不知兄做何打算？"张宗祥说："我刚从周湘舲处来，
跟他说了募款的事。他是银行家，长于经营，筹钱他在行。
关于募款，具体计划我还没有，我心中定了三条原则，
也向菊生兄请教。"于是就把他跟周庆云说的那三条原
则说了一遍。张元济也深表赞同。

　　张宗祥又说："至于补抄，我想还是按钱念劬老的

做法，以文津阁本做底本为主，少量的可以以浙图所藏善本为底本补抄。目下正好文津阁本可借，资金一旦到位，就应马上启动补抄。"

张元济说："这个方案我也十分赞同，京中藏书诸家我亦有些往来，需要从中联络的，我可修书前去。另外商务印书馆的涵芬楼中也有一些藏书，兄可联络取用。"

张宗祥说："此次补抄，还是少不了使用大量稿纸，稿纸须统一规制，用朱丝栏，所印行格必须做到经水不掉色。我先前请章篯代为印刷了一批，但是交货以后发现质量不行，遇水仍然褪色，而且红色褪得厉害，所以只好放弃不用了。好在价目不大，只用了45元，就由我出钱赔补了。此事我还在想办法，如果以我的力量解决不了，到时候还需要请你这个专家帮忙。"张元济表示均可以帮忙。

次日清晨七点，张元济到三泰旅馆来看张宗祥，过了一会儿周庆云也来了。三人在小旅馆聊起来，没怎么聊正题，主要还是谈论近来藏书界诸家的变迁。张宗祥问周庆云："中午的饭局，有没有请蒋孟蘋（蒋汝藻）？"周庆云说："请了，他近来境况不甚乐观，但是我觉得他定然不会袖手旁观。这件事他是爱闻爱管的，一定会尽力劝募的。"谈了几个小时，张元济去晨风庐赴宴，张宗祥坐上周庆云的马车，一同前去看望蒋汝藻。

中午周家聚宴，与座者除了张宗祥、张元济、周庆云、蒋汝藻，还有张泽民、张澹如、王体仁、沈铭昌，这个酒宴的主题就是商谈第三次补抄文澜阁《四库全书》的问题，尤其是经费问题。

这个宴席不简单，看似只是朋友相聚，其实周庆云是费了一些心思的。

蒋汝藻，字元采，号孟蘋，又号乐庵，浙江湖州乌程南浔人。清光绪二十九年（1903）中举人。曾任学部总务司郎中。1911年参加辛亥革命，历任浙江军政府首任盐政局局长、浙江省铁路公司董事长等职，后转而经商，专攻实业。蒋汝藻出生在吴兴藏书世家，家有传书楼、密韵楼等藏书楼，其中密韵楼与陆心源皕宋楼、刘承幹嘉业堂、张钧衡适园，被称为吴兴四大藏书楼。其祖父蒋维培、叔公蒋季卿、父亲蒋书箴在藏书方面均有名声。蒋汝藻幼承家学，长于古籍版本鉴定，并斥巨资刊印古籍，当时已是蜚声学界的版本学家、藏书家、出版家。

张澹如，浙江吴兴人，著名实业家，经营丝、盐业务，也是上海证券交易所的常务理事。张澹如还雅好围棋，堪称国手。除了身家巨富，还广交海内外宾朋。

王体仁，字绶珊，浙江绍兴人，实业家、藏书家。王氏以经营盐业起家，家资巨富。清末迁居杭州，筑九峰旧庐藏书楼，藏宋版书100余种。

沈铭昌，字冕士，浙江绍兴人。光绪十九年（1893）举人，捐资为四川宜州知州。其后官运亨通，历几任道台，进入民国后，曾任山西省省长、内务部次长、财政部次长、山东省省长等职。

可见，在座的几位，都既是商界巨子，又关心文化事业，都是在补抄工作上能帮得上忙的。

开席以后，各安其座，大多是熟识的老朋友，气氛十分活跃。周庆云端起酒杯说："诸位同仁，诸位同乡，这第一杯酒，先给冷僧接风。"说着，大家举起酒杯，纷纷向张宗祥表示欢迎。喝了几杯酒，周庆云把关于文澜阁《四库全书》补抄的正题提了出来。

他说："冷僧这次来沪，诸兄已经有耳闻了，是为文澜阁《四库全书》补抄一事。冷僧兄，可否再详细介绍一下此事？"

关于募资的方式，张宗祥又向大伙儿把昨天跟周庆云说的话说了一遍。

张澹如说："冷僧兄考虑得真是周到，事关浙省文脉，我们没有不出力的道理。"

蒋汝藻说："冷僧兄此事，我等自是没有不出力的道理。然而，我现在的状况，湘舲兄是清楚的。我近来投资兴建实业，不想命途多舛，亏损殊为严重，几乎入不敷出。我今已将藏书抵押给浙江兴业银行，勉强度日。不过冷僧兄和诸位同仁请放心，蒋某如今虽然身无长物，但是朋友还是有一些的，自今起为此事多行奔走，不愁化不来抄补款项。"

张宗祥说："孟蘋兄言重了，出于公心，尽力而为就行了，千万不要勉强。"

张元济说："在座诸君若出手相助，资金应该不是问题，这样最大的问题就解决了。就是后续补抄诸事，细碎无比，要劳烦冷僧兄多费心了。兄在浙省还有公务，恐也不能亲力亲为，还是应该在具体事务上多找一些帮手。"

张宗祥说："确实如此，经费问题解决以后，还要物色几个靠得住的人经办，如念劬老委任蝶仙那样。"

张宗祥转向周庆云，接着说："另外，湘舲兄，我还有个不情之请。从念劬老的经历，我参出一个道理。无论资金来源如何，做事总要给金主一个交代。此次从浙省士子中募资，必然零零碎碎，牵扯很多。经费上容易出现混乱，经济诸事非我所长。湘舲兄有经营银行业的经验，可否这样，此次募来的钱款，无论从何处募集而来，都汇到兄处统一管理。浙江的募集工作，我回去经办，募到的钱都汇过来。沪上的募资，就劳烦诸位。补抄各处开支，我再寄书给湘舲兄，请求一一拨付。诸位觉得如何？"

周庆云想了想说："应该不是问题，想来虽然头绪繁多，但金额不会太大，此法应该可行。"

就这样，经费筹集和管理的方案就确定了下来。

这时张元济说："最后我还有一个想法。补抄工作非一日可以功成，冷僧在宦海之中，总要有个升迁调任。冷僧今总其成，来日一旦调走，补抄一事因此中辍，可就寒了今日在座的心了。所以，冷僧兄，不管官升迁到什么地方，这一件事体要办到结束为止，不能半途丢着不管。"

张宗祥站起来，端起酒杯："感谢诸位捧场，宗祥不敢轻言放弃。此事，除非我中途死亡，不然一定管到底。"说完举酒，一饮而尽。

举座因而士气大振，几番推杯换盏。蒋汝藻知道张宗祥爱喝酒，一力相劝，张宗祥也心情畅快，喝了三斤多黄酒。直至酒阑灯灺，各自散去。张宗祥此行的目的完全达到了，又在傍晚赶到上海北站，乘上火车，星夜赶回杭州。

回到杭州，张宗祥马上开始了各项筹备工作。

过了三四天，张宗祥见到了浙江善后督办卢永祥。卢永祥问张宗祥："听说你在办一桩什么事，到上海去募过款了，只要浙江人的钱，是不是？"张宗祥称是，把事情的始末缘由详细地跟卢永祥说了。卢永祥说："我也是宁波人，应该捐一点的。"张宗祥想，领导能捐一点，自然是好，不求多，给下面人起个表率作用。

卢永祥，原名卢振河，字子嘉，出生在山东济阳。他是皖系军阀代表人物之一，1922 年为了抵抗直系军阀，卢永祥在浙江号称"自行废督"，改任浙江善后督办。因其鼓吹"废督裁军""浙人治浙"，所以自称是宁波人。

回到教育厅，教育厅的会计赶忙跑来找张宗祥，显得慌里慌张的，说："卢督办派人送了一张支票来，金额有点大。"张宗祥问："多少钱？"会计说："4000元。"张宗祥笑着说："你慌什么？要辛苦你一下，专门给我立一个捐款册。这是我给补抄文澜阁《四库全书》募的款，以后这个款到账了，请你先记到这个捐款册上。捐款册记明白姓名、地址、捐款数目、收到日期和汇出日期，每次收到之后，马上汇到上海周庆云处。"

又过了几天，张宗祥碰到了省长张载阳。张载阳第一句话就说："冷僧，我可没有许多钱捐助你的事业。"张宗祥说："瞧您说的。这是量力而为的事情，省长能出多少是多少，哪有一定要向督办看齐的道理。"于是，张载阳就送了 500 元来。

这张载阳倒是地地道道的浙江人，只是有说是新昌人的，也有说是杭县人的。张载阳早年毕业于浙江武备学堂，曾任陆军标统、统领等职。辛亥革命后，历任二十五师师长、台州镇守使、嘉湖戒严司令等职。主要活动也在浙江。1922 年刚刚担任浙江省省长。

款项有眉目了，他马上找来了堵福诜，堵福诜还不知道老师找自己有什么事。

张宗祥则开门见山："申甫，你先前跟我说，想做点能让后人些许记住你的事情。我如今有一事，不知你是否乐意去做？"

堵福诜说："您不妨说说看，我要是能做一定会尽力去做。"

张宗祥说："我有意沿着钱念劬老的路子，将文澜阁《四库全书》的补抄工作继续下去。如今此事最难的其实是资金问题。我近来去了趟上海，见了一些朋友，基本确定了筹款计划，资金大概有眉目了。"

堵福诜说："那真是太好了，特别为老师高兴。不过我虽然有些积蓄，一定竭尽所能捐资，恐怕我个人财力还是有限，不足以撑起这么大个项目。"

张宗祥笑了，说："我叫你来，不是向你要钱的。筹款的事，我后面慢慢跟你谈。目下有一个差使，尚需要人去做，看你愿不愿意。"

堵福诜说："老师，您有什么打算请明言。我当尽力为之。"

张宗祥说："资金问题一旦解决，具体的补抄工作就需要人来负责，尤其大量工作需要到北京去完成，我现在任着浙江教育厅的职务，肯定无法长期到京去工作。

北京的补抄工作，涉及一应杂务，需要一个人去董理。你看此事你能否胜任？"

堵福诜说："您这么大的事业，我能参与，极感荣幸，只是我有一点顾虑，怕办不好。一是京师图书馆中无熟人，恐怕不肯帮忙；二是北京情况不熟，恐怕写手难找。"

张宗祥说："这些问题我替你考虑到了，你看这样安排可否？第一，我给你一个浙江省教育厅秘书的头衔，专门办这件事，每个月薪水30元，从教育厅我的公费项下支出。你先带一点钱去，作为诸多杂事的启动资金，省得到时候措手不及，耽延正事。第二，我请吴雷川主持北京的事，代你出面，他原来也是你的老师，现在在教育部任职。他对北京非常熟悉，你遇到与教育部沟通或者与其他外界人沟通的事，自己解决不了的，就去找他。第三，我在京师图书馆工作了两年，跟馆中的同事相处得很好，我现在详细地写一封信给你带去，他们一定会帮助你的，此事不必过虑。你看怎么样？"

堵福诜说："那就太好了，有这些人帮忙我心里就有底了。"

张宗祥接着说："当下有几个重要任务，你需要先想办法解决问题。第一，去看看北京当地有没有合适的印制稿纸的地方。印制要求是规制统一，印红格，红色经水冲后不能褪色。我先前请人印了一批，质量不达标，此事一定要注意，质量不能马虎。我在上海也跟张菊生说过此事，万不得已再请他帮忙。但是在外地印，邮费也是一笔开销，能在北京印最好。第二，抄书字体必须认真选择，要尽量跟前清抄书所用馆阁体风格相近。抄书的工资你可以定，要适中，我们经费也有限，但是也不必太严苛。遇到抄写难度大的，可以适当多付些。第三，校对必须要认真，必须校对两次。校完要在每册后盖章，这样一方面对校对质量负责，另一方面也方便工作量统计。第四，装订要用心，可以去琉璃厂找靠谱的店铺。你要是找不到，可以去京师图书馆找修书的王君，他是我当时为京师图书馆物色的装修技工，水平靠得住。"

堵福诜听完张宗祥的话，佩服不已，马上回去准备赴京。

不久，张宗祥收到了堵福诜从北京寄来的一封信。信中说：

> 京中补抄诸准备事宜大致顺畅，京师图书馆诸同仁皆竭力相助。只是现在桌凳不足补抄之用，须添置白木板桌和凳子，够五六十人之用，这样才能开展工作。

> 现在北京正在闹灾，老百姓日子不好过，有很多想赚点小钱贴补家用的，其中很多字体比较秀丽，所以招人不成问题。所以价格定为每千字两毛，所有人员经过考试，写样合格的才录用。

> 另外，稿纸可在京印刷，没有问题。

张宗祥当即回信：

> 申甫雷厉风行，此行辛苦。购置桌椅及印制抄写稿纸所需一应费用我即请湘舲兄拨付，到款后可从速购置。

> 抄费每千字两毛的确便宜，遇到金石文字类图书，

比如《六艺之一录》一书，卷帙浩繁，缺卷又多，而且没有其他本子可以抄配，而书中篆书、隶书都有，抄写难度极大，抄费应该酌情增加，不必为了省钱而过于刻板。其他事你尽便利去布置就是了。

1923年的春天，是中国历史上风起云涌的一个春天。这年元旦，孙中山发表了《中国国民党宣言》，并开始在广东筹划和平统一事业。这年1月，浙江绍兴人蔡元培，因为教育部逮捕学生，愤而辞去北京大学校长职务，在全国引起强烈反响。

在这个并不太平的春天里，文澜阁《四库全书》的补抄工作正式开始了，因为补抄始于癸亥年，故称为"癸亥补抄"。堵福诜在北京印制的稿纸上，也清楚地印着"癸亥补抄"四个字。这次补抄由张宗祥总其成，周庆云专

"癸亥补钞"本《潜邱札记》书影

管经费，吴雷川负责协调北京的重要事件，堵福诜直接负责监督抄校工作。

这位吴雷川也有必要介绍一下。吴雷川，名震春，字雷川，以字行。浙江钱塘人。清光绪二十四年（1898）进士，散馆授翰林院编修，与实业家张謇是同年。1906年至1910年任浙江高等学堂监督。浙江高等学堂即是今浙江大学的前身，浙江高等学堂监督大致相当于现在的浙江大学校长。吴雷川担任浙江高等学堂监督期间，倡导校长、老师、学生之间平等和睦相处。这些理念如今我们看着没有什么出奇的，但在当时中国学校充斥着旧私塾的风气，师生之间毫无平等可言，吴雷川倡导新的大学精神，可以说在中国教育现代化方面做出了突出贡献。1912年中华民国成立以后，吴雷川到教育部任参事，负责教育部秘书工作。1923年春天，文澜阁第三次补抄开始的时候，正是吴雷川任职教育部时。1934年以后，吴雷川调赴燕京大学担任校长。燕京大学是民国时著名的教会学校，虽然师资和科研理论都很强，但是长期为教会把控，与中国社会有很多不兼容的地方。吴雷川倡导基督教的中国化，因而在上任后也极力推动了燕京大学的中国化。当然这是后话了。在我们的故事发生时的1923年，吴雷川正是教育部中一位勤勤恳恳的参事，与北京诸机构的工作人员，特别是教育部下设京师图书馆的工作人员都十分熟络，因而他在北京为补抄文澜阁《四库全书》一事奔走，可谓游刃有余。

周庆云掌管着补抄经费，不仅账目清晰，还将暂时用不到的钱存入银行，产生的利息仍用于补抄工作。经费量入为出，始终没有出现问题。到了1923年的秋天，周庆云给张宗祥写了一封信谈堵福诜的薪酬问题。

冷僧兄足下：

申甫帅众在北京抄补文澜阁《四库》已盈数月，其艰辛你我可见。目下申甫薪水仅每月三十元，且由教育厅出，愚意尚难酬其用功。如今经费尚且充裕，不如将申甫的薪酬提高为五十元，全由抄书经费中出。不知兄意下如何。

弟庆云上

张宗祥也觉得周庆云的想法有道理，就复信表示同意了。

有了张宗祥在各方面的协调，有了周庆云在经济上的运作，又有了堵福诜全职参与工作，尽管外部环境并不比前两次好多少，但是癸亥补抄的速度比前两次补抄快了很多。张宗祥和周庆云在募款和款项管理上做到了清晰透明，为补抄工作打消了后顾之忧。堵福诜则作为先锋官，带领五六十位抄手，在北京奋战了将近两年时间。

到 1924 年 12 月时，抄写工作全部竣工，共抄得阁书 211 种，计 4308 卷，陆续邮寄回杭州。当时京津地区军阀混战已经开始了，堵福诜还亲身押运了一批抄成的书，绕道才回到杭州。

堵福诜带着书到杭州后，直奔教育厅张宗祥的办公室。张宗祥见到堵福诜和书都完好地运来，十分高兴，就说：

"你休息一两日就赶快把这批书送到浙江图书馆点收。另外，我马上要离任到欧海道去做道尹。因为温州住着一个孙传芳的旅长，有点不大清楚行政上的手续，闹得文武不和，旧道尹就走了。省里委派我去做道尹，协调此事。温州士绅们守在杭州，要催我同去，所以必须尽快赶办好这一批书的移交手续。"

堵福诜说："既然如此就不要耽搁了，我也不用休息，今天就同您到孤山去交付这批书。"

张宗祥说："那就辛苦你了。再者，我还有一个想法。我想再想办法募一点钱，把丁抄本运到北京去做一次校勘，可以校正的校正，必须重抄的重抄。此事以后看时机成熟时行事。工竣之后，再来做书匣和书架。我让你根据文津阁的分架图画一份来，就是为了这个。"

堵福诜说："您吩咐我画的分架图，我已经画来了，很厚的一大册，看来工程量不小。"

张宗祥说："那就好。这批书交付后，你马上跟教育厅第三科联络，请他们配合你制作书匣和书架。稍后我们到馆中也跟章箴馆长说明此事，请他配合。"

章箴和在馆诸位馆员见到已经抄补齐全的阁书，也是十分珍视。张宗祥跟章箴交代了制作书匣和书架的事，也顺道把自己准备赴瓯海道的事诉说了一遍。其实此次补抄，章箴在杭州也组织补抄了一小部分，也为这个大工程做出了不小的贡献。

没过多久，在上海的周庆云收到了张宗祥的来信。张宗祥在信中说：

湘舲兄大鉴：

我到温州上任瓯海道道尹以来，原以为事情会比较棘手，到了以后发现，并没多大的事，撤换了个警察局长，息事宁人，各方都安置好了。现在诸事已步入正轨，相对清闲，又想起文澜阁《四库全书》一事，想再推进下去。毕竟当初答应了你和张菊生，无论调任到何处，都将事业继续下去。

现在京津局势渐趋平稳了，可以再请堵福诜去趟北京。事先让章箴配合，把馆藏阁书中丁丙补抄的那部分逐册挑出来，让堵福诜带到北平去，借文津阁本校勘一过。到了北京，仍然找吴雷川协调一应事务，堵福诜组织人做具体的校核工作。

周庆云复信说："冷僧所言，正中下怀。现在经费仍有剩余，原应一鼓作气，将工作做到底。可以按原先的方式继续操作，所需款项，冷僧确认后，由我汇到北京去。"

做事一向周密的张宗祥，还给新任的浙江省教育厅厅长计宗型写了一封信，请他出面通知图书馆分拣丁抄，协调杭州各方关系，对新任厅长给予了足够的尊重。

计宗型，字仰先，浙江嘉兴人，行事雷厉风行，十分干练。他不仅按张宗祥信中说的为补抄工作提供方便，还派了沈光烈协助堵福诜一同将丁抄本运到北京。

堵福诜事先就听张宗祥说过这个计划，本就随时准备北上。近来正跟章箴密切合作，赶制书匣、书架。

几个人分别接到张宗祥的信后，马上投入了各自负责的工作。章箴带领浙江图书馆馆员从阁书中拣出丁抄本 213 种，5660 卷。堵福诜在沈光烈的帮助下，运送这批书前往北京。

张宗祥癸亥补抄完成后，堵申甫制作的纪念邮片

1925年10月，堵福诜再赴北京。到北京后，吴雷川仍帮忙协调各方关系，方便校核工作。堵福诜则重新组建校核团队，逐字校核丁抄本。对其中的明显差错，能改的予以更正。有一些丁抄使用的是江浙访得的底本，经与文津阁《四库全书》校勘，知与《四库全书》所收并非一书，干脆就对这几种进行了补抄。由于各方面关系已经理顺，又加校勘总比抄写要快一些，到次年4月，校勘工作就全面竣工了。

诸事告竣后，堵福诜写了一份报告来回顾整个过程：

福诜承前教育厅张（按，张宗祥其时已卸职教育厅长，任瓯海道尹）委派监理补钞文澜阁四库阙漏各书，于十三年一月十四日启行，十六日到京。即与教育部及京师图书馆诸人会商，并蒙部派二等部员赫春林照料，又京师图书馆主任徐鸿宝等热心赞助，如商借办事地点、选录写生等事，煞费经营，始克就绪。至二月四日，即行着手钞写，写生达二百十八人，校理二十人，绘图、满文、篆隶十五人。中间水灾兵燹，

接续相遭，人心惶惧，幸诸员毅然进行，始终勿懈，至十二月十六日将阙部、阙卷、阙页次第告成，应行绘图及应书篆隶、满文、曲直界线等手续，随钞随办，更不延误。其有图样复杂者，则以石印法为之注解，仍用人工钞写以符体制，如《金石经眼录》《新算法》（按，应为明徐光启等与西洋龙华民等同撰之《新法算书》）是，然极少数。其余多数图画如《熬波图》等皆另行聘人精绘，共钞书二百十一种，凡四千三百零八卷，陆续邮寄到杭。福诜以京津战祸绕道回杭。十四年一月至四月，续办装订，计装一千九百九十三册。尚有余款。于五月间复由浙绅周庆云、沈铭昌、张元济、吴士鉴、吴宪奎函请教育厅，计以丁钞文澜阁书籍舛误极多，拟择其尤者，重为校订，并由厅中加派委员沈光烈协同照料，延请校理十人，写生四人，搜集别本及善本详加校对，并择要重钞，凡校竣者二百十三种、五千六百六十卷、二千二百五十册，重钞五百七十七页。福诜将新旧书籍分类整理，与四库书目较，尚阙六种，于是年十月，复赴北京向文津阁补钞，凡一百八十九卷，装五十三册，合前后计之共抄二百十七种，凡四千四百九十七卷，计二千四十六册。以上钞校两〔次〕，共计四百三十种、一万一百五十七卷、四千二百九十七册。于是全书告成，已在十五年四月月终矣。惟查文澜与文津之书，卷数不同，而内容亦稍有歧异，故有《待访书目》中当钞补而文津所藏往往原阙，以致无从钞补，与文津较亦可谓完善无阙矣。除呈明教育厅，转报省长、教育部备案外，理合将成绩报告如右。

补抄文澜阁《四库全书》的千秋伟业即将告成，与事诸人都觉欣慰。周庆云致书张宗祥：

年来所筹书款存入银行，产生一些利息。除供两次补抄用度之外，尚有些许结余。我意以余款刻印一书，将补抄中发生之事做一记录，暂名《补抄文澜阁四库阙简纪录》。申甫已有诸篇纪事，可以收入。兄于此事殚精竭虑，今见其成，亦应以所见所闻及所从之事，著为一篇，收入其中，传之同好。

张宗祥自然十分高兴，回忆几年来经办此事的经过，写成了《补抄文澜阁〈四库全书〉史实》。为了表彰堵福诜为补抄工作所做的贡献，他还请人为堵福诜制作了肖像，悬挂于浙江图书馆。

周庆云挥毫泼墨绘《文澜补阙图》，浙江省教育厅前厅长、文学家、书画家夏敬观在职时十分记挂文澜阁《四库全书》的补抄，亦作《为周梦坡题〈文澜补阙图〉》

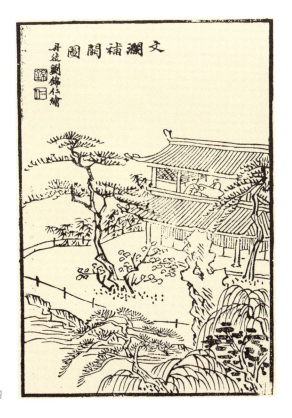

文澜补阙图

盛赞其事。远在昆明的袁嘉毅闻讯后，欣然赋诗一首："远归滇国乐园居，知念湖山胜劫余。拙愧散材随分止，宠惊宏奖过情誉。试看大地无宁宇，且守先人有文庐。一了报公应色喜，文澜补缺得完书。"

1933 年，周庆云谢世，张宗祥作挽诗缅怀："文澜残帙愿重抄，筹款春申力倍劳。一卷补遗书目在，几回展阅几魂销。"

日本人南下寇杭州，
陈训慈西迁护阁书

　　1937 年 7 月 7 日，日军发动卢沟桥事变，开始全面侵略中国。事件爆发，举国震惊。日军到处烧杀掳掠，无恶不作，惨绝人寰。没过几天，就开始有日军的飞机在杭州上空盘旋。浙江图书馆馆长陈训慈（字叔谅）坐在孤山馆舍的馆长室里忧心忡忡。他心里盘算着，按日军这个速度，用不了几天就会打到杭州来，馆中的书，特别是这套浙江人心之所系的文澜阁《四库全书》该如何保全？

　　时势没有给他太多的时间犹豫，他决定将文澜阁《四库全书》和馆中部分善本运离杭州，至于运到哪儿去，他现在还没有成熟的想法。他先命馆员联络制作好了木制的书箱，随时准备装箱运书。

　　他接着致电浙江省主席黄绍竑和浙江教育厅厅长许绍棣，带领馆员运送文澜阁《四库全书》暂离杭州。省主席和教育厅厅长此时也是热锅上的蚂蚁，根本顾不上这套书的安危，都敷衍回电，意思就是"随你去吧"。

　　陈训慈便带领馆员将库书装箱，运到江干码头，租船运往钱塘江上游。他担心人手不够，连自己的妹妹陈

陈训慈像

玲娟都叫来帮忙。

　　8月4日，装载着文澜阁《四库全书》140 箱、馆藏善本 88 箱的几只小船起锚，开启了漫漫西迁路。船队缓慢西行，到了富阳渔山靠岸。此处人生地不熟，正不知如何是好。馆员夏朴山跟陈训慈说："馆长，我在此处认识一户人家，人不错，不妨去问问看。"于是，夏朴山就带着陈训慈到了一处老宅子，房屋虽破旧不堪，但还算宽敞，也足够遮风挡雨。进了这户人家，主人见夏朴山来了，忙出来迎接。夏朴山给村民引荐说："老哥，这是敝馆的馆长陈叔谅先生。"村民有些局促，但还是不失礼节地表示欢迎。夏朴山接着对陈训慈说："馆长，这位老哥叫赵坤良，是我的老朋友。"赵坤良让着两位进屋，马上端上了茶水："我们穷乡僻壤的，没有好茶，你们凑合着喝，解解乏。"陈训慈也顾不上喝水，他马上向赵坤良说明了来意。

赵坤良虽然有些犹豫，但是因为对这些文化人还是心存景仰的，还是答应了下来。陈训慈说可以付一些租赁房屋的费用，赵坤良坚持不收，说这地方本来也是闲着，家里从来没有过这么多书，放放书给后人沾沾书香也好。

库书西迁的第一站，就落脚在了富阳渔山赵坤良家。

库书存在此处，馆员日夜坚守。战事也日趋吃紧，日军的飞机开始在杭州城里频频轰炸，一江之隔的富阳听得清清楚楚。

陈训慈觉得，书存在富阳，也不是长久之计，打算继续西迁。转眼到 10 月底了，赵坤良来找陈训慈，语气有些吞吞吐吐。他说："陈馆长，现在战事越来越紧了，日本人眼看就要打过来了。我们族人跟我说，藏着一批书在这，怕给族人招来祸患。我也不是赶你们……"

陈训慈马上明白了，本就准备迅速迁走，便说："老哥，你不必为难，库书藏在此处也不是长久之计。我们正打算走。这三个月时间，实在是叨扰了。"

陈训慈在赵坤良的帮助下，租了几条船，库书重新装船，继续沿江而上。

船行到桐庐时，水流变得湍急起来。书本来就重，船上两名船员逆流划船已经划不动了，只得再上岸。恰在岸边遇到了西迁途中的浙江大学师生，浙大校长竺可桢伸出援手，命浙大的卡车帮助将书运往俞赵村，再从俞赵村分批运书到建德北乡松阳坞。陈训慈见到竺可桢，握着竺校长的手，几乎哽咽。

竺可桢说："叔谅兄此行着实不易啊！"

陈训慈说："不瞒您说，卢沟桥事变以来这几个月，浙江省府已经大幅削减了给浙江图书馆的经费。我早想租辆卡车运书，怎奈经费吃紧，我为此事已债台高筑了。"

竺可桢深表理解："叔谅兄，你先不要着急。浙大学生个个急公好义，他们都知道你们运载的这批书的意义。卡车也有几辆，能尽绵薄之力。"

竺可桢接着说："只是浙江现在全境都面临日寇威胁，这样在省内转运，不是办法，最好还是将库书暂迁内地为宜。浙江大学准备西迁出省，贵馆也不妨考虑同行。"

陈训慈说："我也是这样想，但是致电省主席和教育厅，他们都说内地也不安全，建议仍在省内迁移。想必还是不太在意这些书籍。"

竺可桢说："这样不是长久之计，我看能否请教育部出面协调。"

库书又在建德存放了三个月时间，这是西迁的第二站。

1937 年 12 月 24 日，杭州沦陷的消息震惊了建德。

陈训慈知道不能再等了，库书再度装船，走水路运抵金华，然后从当地租卡车运到浙南龙泉，存放在龙泉中心学校，这个过程用了一个月的时间。陈训慈带领的运书队伍，几乎已经弹尽粮绝。

正在犯愁之际，陈训慈收到了省政府发来的电报。电报大致说：文澜阁《四库全书》已在浙江大学帮助下运抵建德，但是建德靠近战区，也不安全，为保全国家文献考虑，希望贵省府设法将书运往贵州。

随后，陈训慈又收到了竺可桢的电报：教育部已经三次致电浙江省政府速将《四库全书》运往安全地点，并指令浙大协同办理，我派李絜非兄全力协助，请兄赴藏书地点商会。

陈训慈接到这两封电报，焦虑情绪稍稍缓解。他马上来到龙泉中心学校，与李絜非商议西迁的种种细节问题。李絜非原来也在浙江图书馆工作，后来去了浙江大学做文书，跟陈训慈很熟。

见面以后，李絜非说："竺校长告诉我，《明耻日报》报道说，浙大1月16日被50个日本兵焚毁，图书馆仪器被日军劫掠而去。但是浙大并没有专门的房屋作图书馆，分散各处的图书馆中的仪器也已被我们运出来。竺校长怀疑报道有误，焚毁的是否有可能是省图书馆？"

陈训慈说："很有可能是省图书馆。我们走时仓促，只抢救了文澜阁《四库全书》和一部分善本，还有大量图书没法运出。"陈训慈说着，痛心疾首。

李絜非说："竺校长致电教育部部长陈立夫，汇报了浙大的西迁事宜，同时强调文澜阁《四库全书》的迁移之事。陈立夫已三次致电省府，想必省府已有反应。教育部可能是得到了消息，日本人已经盯上了这套《四库全书》。教育部的意思是，其余善本暂存龙泉，将《四库全书》运往贵州。竺校长特派我来帮助您转运书籍，您有什么需要帮忙的尽管跟我说。"

陈训慈再度哽咽，握着李絜非的手，一再感谢。

1938年2月22日，一辆日本军车载着九个文化特务，从上海赶往杭州。他们是日伪"占领地区文化接收委员会"派出的，此行的任务就是找到文澜阁《四库全书》，并将其带回日本。这九个人在占领杭州的日军配合下，扫荡了文澜阁、浙江省建设厅、西湖博物馆等26个政府文化机构，对杭州的文化遗产和文化场所造成了巨大的破坏，但是他们没能如愿找到文澜阁《四库全书》。此时，文澜阁《四库全书》已在浙江图书馆人和浙大人的共同护卫下，存藏到龙泉中心学校，并准备继续西迁。

1938年3月27日，文澜阁《四库全书》在浙江图书馆馆员毛春翔等人的护送下，从龙泉启程，迁往贵州。当时的交通状况差，又遭遇了日军入侵，一路艰辛可想而知。

车队从蒲城赶往江山峡口途中，因为险路特多，一辆汽车翻车了，其中十一箱书掉到了池塘里。同行护送的浙图馆员虞佩岚赶紧到附近村里，雇了几个工人，到池塘里把箱子捞出来。又雇了一辆车，连夜把书运到了江山。十一箱书被水浸湿了，他们在江山晒书晒了两天，书还没有完全干。李絜非说："时间迫促，不容久延。"就命令装箱启程，说运到长沙再从容翻晒。好在一路没有大的疏失，文澜阁《四库全书》最终安全运抵贵阳，暂存在贵阳城西门外约一里地的张家祠堂。

库书运抵贵阳时已是1938年4月26日，到贵阳后，奉命前来保管库书的夏定域即开始组织晒书。他们头顶着烈日，一本一本翻晒，并逐页揭开晾干，最后再装箱保存，历时数月。

与此同时，日军对我国的侵略更加疯狂。原本以为还算安全的贵阳，也开始时常遭遇敌机轰炸。1939年2

月，日军派了十八架飞机轰炸贵阳城，造成千余人死亡。张家祠堂离贵阳城太近，护书人向教育部打报告，申请再次迁移。教育部马上复电，命将书迁往贵阳城外四里地的地母洞。地母洞离贵阳城更远一些，也更为荒凉，而且洞在山顶上，不易引起敌人注意。

为了长久保存库书，护书人呈报教育部，在地母洞中建了三间房屋，将书贮存到屋中。贵阳长年多雨，地母洞中潮湿不堪，实际不利于藏书。毛春翔、夏定域、柳逸厂先后主持管理库书，他们都十分重视防潮和防蠹。每年秋天都拿出几个月时间晒书，每次晒书都请浙江大学的教授前来指导。1941 年，柳逸厂因病辞职，陈训慈致电毛春翔回来主持库书管理工作，从 1943 年开始，晒书增加到了每年两次。就这样，文澜阁《四库全书》在贵阳贮存了六年。

1944 年，日军侵华战线进一步拉长，开始入侵贵州。

贵阳地母洞藏库摄影

存在贵阳的文澜阁《四库全书》再次陷入危险境地。陈训慈与教育部商定，将库书迁到重庆。1944 年 12 月，战区司令部派卡车，将库书转运到了重庆青木关，藏在教育部长公馆隔壁的四间瓦房内。这个地方地势较高，且十分干燥，教育部长公馆又有武装警卫，所以库书十分安全。

日本人的嚣张气焰开始被打压下去，在中国战线过长，开始疲于应付，抗战胜利的曙光乍现。1945 年 2 月，徐青甫、张宗祥、竺可桢、陈训慈、蒋复璁等在重庆的浙江人，发起成立了文澜阁《四库全书》保管委员会，为库书回浙做准备。

这时，关于文澜阁《四库全书》的去向，有了各种传言。有一种传言说，某个高级别官员，觉得贵州人想看到书很困难，而杭州交通便利，可以去北平看那两套《四库全书》，所以建议将库书运到贵州。也有人说，蒋复璁、教育部和四川省的有关人士，有意将库书留在四川。但是这些意见都没有公开提出过。

抗战胜利后的一天，中央图书馆馆长蒋复璁找到张宗祥说："冷僧，现在国都定在南京，南京为四方观瞻之地，江南四库就只剩文澜一阁，浙江地较偏僻，杭州虽有西湖，究不若南京阔大，一部书放在南京更起作用，就此想征求你的意见。这不是我的个人意见，是教育部的意思。"

张宗祥说："这本是一件公物，是民国向清室接收下来的财产，任凭当局的处置，我个人有何意见可以发表？不过我补抄时未用公家一纸一笔，都是向浙人募来的私财，外省的富翁也不曾惊动一个。所以现在这一部书多多少少有一部分是属于浙人公有的，好在菊生、湘龄等几位都在上海，你何妨向政府建议征求浙江父老的意见看是如何？至于我个人的意见是希望留在杭州的。"

蒋复璁也便无话可说了。

1946 年 5 月 15 日，文澜阁《四库全书》从重庆青木关启程，由六辆卡车运送，走上了返杭之路。全程遭遇盗匪、路险、水灾、烈日等艰险无数，历时 50 多天，文澜阁《四库全书》终于在 1946 年 7 月 5 日平安抵达杭州浙江图书馆。

一段可歌可泣的护书故事，画上了圆满的句号。

参考文献

1. 全祖望：《小山堂藏书记》，载《清代诗文集汇编》第二六五册，上海古籍出版社，2010 年。

2. 丁申：《武林藏书录》，载《武林掌故丛编》，广陵书社，2008 年。

3. 中国第一历史档案馆编：《纂修四库全书档案》，上海古籍出版社，1997 年。

4. 顾志兴：《杭州藏书史》，中国社会科学出版社，2011 年。

5. 顾志兴：《文澜阁四库全书史》，杭州出版社，2018 年。

6. 方建新：《南宋藏书史》，人民出版社，2013 年。

7. 吴晗：《江浙藏书家史略》，中华书局，1981 年。

8. 何槐昌主编：《浙江藏书家传略》，上海人民出版社，2013 年。

9. 顾志兴：《浙江藏书家藏书楼》，浙江人民出版社，1987 年。

10. 浙江图书馆志编纂委员会：《浙江图书馆志》，中华书局，2000 年。

11. 陈训慈：《运书日记》，中华书局，2013 年。

12. 张升：《四库全书馆研究》，北京师范大学出版社，2012 年。

13. 孙树礼、孙峻：《文澜阁志》，载《武林掌故丛编》第二十六集，清光绪二十四年（1898）刊本。